◎ 北京市属高等学校人才强教计划资助项目
◎ 北京市"专业建设—特色专业—阿拉伯语"项目
◎ 教育部阿拉伯研究中心（北京第二外国语学院）重点项目

استراتيجيات نشر اللغة العربية
في الصين في ظل العولمة وحوار الحضارات

文明对话背景下
阿拉伯语在中国的传播

魏启荣 ◎ 著

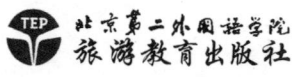

北京第二外国语学院
旅游教育出版社

责任编辑:王　艳

图书在版编目(CIP)数据

文明对话背景下阿拉伯语在中国的传播/魏启荣著. —北京:旅游教育出版社,2012.3

ISBN 978 – 7 – 5637 – 2284 – 6

Ⅰ.①文…　Ⅱ.①魏…　Ⅲ.①阿拉伯语—传播—研究—中国

Ⅳ.①H37

中国版本图书馆 CIP 数据核字(2012)第 020169 号

文明对话背景下阿拉伯语在中国的传播

魏启荣　著

出版单位	旅游教育出版社
地　　址	北京市朝阳区定福庄南里 1 号
邮　　编	100024
发行电话	(010)65778403 65728372 65767462(传真)
本社网址	www.tepcb.com
E - mail	tepfx@163.com
印刷单位	北京中科印刷有限公司
经销单位	新华书店
开　　本	880×1230　1/32
印　　张	9.25
字　　数	179 千字
版　　次	2012 年 3 月第 1 版
印　　次	2012 年 3 月第 1 次印刷
定　　价	35.00 元

(图书如有装订差错请与发行部联系)

序

　　当今是全球化的时代，是多元化的时代，是各种文明对话的时代。中华民族与阿拉伯两大民族之间的文明对话、文化交流，相互合作、相互学习，互补、互助、互利，尤为重要。 世界上很难找出两个民族像中华民族与阿拉伯民族之间有那么多的相似之处。

　　一些著名学者曾将世界上自古延续至今的文化或文明划分成若干体系或"文化圈"，但无论怎么划，怎么分，中国文化体系与阿拉伯—伊斯兰文化体系无疑是其中最重要的两大文化体系。

　　中国与阿拉伯国家都有悠久的历史和古老的文明。在中世纪，横跨亚非欧三大洲的阿拉伯帝国与雄踞东亚的中国，随着政治、经济达到鼎盛，文化也像擎天的灯塔，在丝绸之路两端交相辉映，彪炳于世。当时，中国和阿拉伯帝国被认为是世界上的两个超级大国，汉语和阿拉伯语是当时最通行的语言。

　　中阿两大民族之间的友好关系可以追溯到两千年前。约在公元七世纪中叶，伊斯兰教传入中国后，伊斯兰教成为联系中阿两大民族的重要纽带。我国现有的 56 个民族中就有 10 个少数民族约两千万人信奉伊斯兰教。

　　近现代，中国和阿拉伯诸国都曾遭受帝国主义、殖民主义列强的侵略，长期沦为殖民地、半殖民地。但中阿两大民族的人民并没有屈服，他们长期坚持民族解放斗争，并在第二次世界大战后，相继取得胜利，建立了独立自主的国家。如今，我们都在与时俱进，振兴国家。

相似的历史进程、相似的命运，使中阿人民一向相互同情、相互支持、相互合作。如今，在全球化、多元化的背景下，中阿两大民族间的文明对话显得尤为重要。

文明对话靠什么？无疑，要靠翻译。我认为从某种意义上讲，人类文化发展史，实际上就是一部翻译史。翻译靠什么？当然要靠外语。中阿文明之间的对话、交流靠什么？当然要靠懂阿、汉两种语言的人。阿拉伯语像汉语一样，是公认的最难学的语言，但是必须要有人学，而且要学好。因为它是近十亿的穆斯林奉为经典的《古兰经》的语言，是20多个国家两亿多的阿拉伯人的语言，也是联合国六大工作语言之一。

阿拉伯语最早是随着伊斯兰教传入我国的，但长期以来，它只是穆斯林的"宗教语言"。1946年后，马坚（1906—1978）教授等人才将阿拉伯语教学从清真寺的经堂引入大学的课堂。但直至前些年，还只有七八所高校开设有阿拉伯语专业；最近几年，创办阿拉伯语专业的高校如雨后春笋，越来越多。据说目前有30所左右的高校开了阿拉伯语课，这自然还不包括那些虽非高校却也教阿拉伯语的各种公立的或民办的学校或培训机构。

这种情况说来也不奇怪：中国与阿拉伯世界越来越体现出战略伙伴关系；阿拉伯世界所在的中东地区越来越成为世人瞩目的热点、焦点；再看看我国南方的一个小镇义乌有多少阿拉伯商人，阿联酋的迪拜有多少中国商人……这一切当然需要大量懂两种语言的翻译，也必定会促进我国阿拉伯语教学事业的迅猛发展。

在这一背景下，魏启荣博士发表她的论著《文明对话背景下阿拉伯语在中国的传播》就显得很合时宜，很有价值。魏启荣生于改革开放初，用现在流行的说法，当属"80后"。但她对阿拉伯语事业锲而不舍的追求实在令人敬佩。如她所说，自从2000年9月学习阿拉伯语开始，她就一直对阿拉伯语的学习和研究有着浓厚的兴趣。2003年她踏出国门，到埃及开罗大学师范学院学习，之后在2004年，又远赴苏丹喀土穆国际语言学院攻读硕士学位，2006年又在苏丹双尼罗大学文学院继续攻读，直至2008年9月，获取阿拉伯语哲学博士学位。

据我所知，我们阿语界在阿拉伯世界用阿拉伯语发表论文、并获取博士学位的，实在是寥若晨星。更令我不能不赞许的是她的硕士学位和博士学位是在苏丹苦读四五年后取得的。人们常用"寒窗"形容苦读，那是他们不知"热窗"苦读是什么滋味。苏丹是世界著名的"火炉"之一。我曾有幸在"文化大革命"的时代，走"五七道路"走到了那里，当了两年的援外翻译，饱尝过那种酷热难当的滋味：洗完一件衣服晾在那儿，等下一件洗完，这件已经干了；坐汽车的时候也没觉得出汗，但下车之后屁股上有个白圈——盐圈；日本的体温计挺好，想买几个带回来，没注意回来一看，已经顶爆了……所幸我们当时这些"专家"在木制的"活动房子"里还有通过水降温的"冷风机"，虽没有使馆官员或现代专家们可享受的高级空调，但也不至于像小魏告诉我的那样，她在小屋子里只有电扇卷起的热风。

据说，穆斯林的先知穆罕默德曾说过："知识即使远在中国，也要去求！"其实，也可以说："知识即使远在阿拉伯，也要去求！"小魏去了，这让她在学习过程中，有机会接触到很多语言教育教学专家、教授，在他们的亲自指导和传授下，小魏取得了不少真经，加之她的悟性、经验和体会，写出了这部论著。它实际上是作者多年心血的结晶。论著的很多观点颇为新颖，有独创性。其出版，不仅对我国，而且对阿拉伯相关学界都是有意义、有价值的，值得祝贺。

仲跻昆

北京大学外国语学院阿语系博士生导师
中国阿拉伯文学研究会会长
中国中东学会理事
中国翻译工作者协会理事
2012 年 1 月 18 日

前　言

自从 2000 年 9 月学习阿拉伯语以来，我本人一直对阿拉伯语的学习和研究有着浓厚的兴趣。2003 年我有幸踏出国门，到埃及开罗大学师范学院学习，之后在 2004 年，又远赴苏丹喀土穆国际语言学院攻读硕士学位，2006 年在苏丹双尼罗大学文学院攻读阿拉伯语哲学博士学位。在学习过程中，我有机会接触到很多语言教育专家，对外国人如何学习阿拉伯语进入深入浅出的研究和讨论，他们善于从阿拉伯语的语音、语法、韵律学等方面剖析阿拉伯语本身的特点，同时，结合社会语言学、心理语言学等剖析外国人在阿拉伯语学习中经常会遇到的问题，并提出了一些建设性的意见和合理化的建议，鉴于此，我在非洲大学 Omer Sadig 教授的指导下完成了"阿拉伯语在中国高校的教学状况"的硕士论文。我在双尼罗大学的博士论文探讨的就是"文明对话背景下阿拉伯语在中国的传播"。

近年来，我国的外语界对小语种的学习研究表现出极大兴趣。我在各类学术刊物上看到了不少关于小语种学习研究的文章，但是学术文章往往受到篇幅的限制，好多问题不能深入、细致地加以论述。

本书从阿拉伯语的特点出发，详尽地阐述了在全球文明对话背景下，如何实现阿拉伯语在中国长期、中期、短期的传播及发展。

阿拉伯语作为古兰经的语言、作为阿拉伯人民的民族语言、作为联合国六大工作语言之一，一直在阿拉伯世界及国际舞台发挥着重要的作用，扮演着无可替代的角色，但是我们也不得不承认，由于政治、经济、文化发展等方面的原因，标准阿拉伯语在阿拉伯国家本土也面临着前所未有的挑战，特别是在阿拉伯年轻一代人中。他们认为标准语有些繁复甚至在日常生活中说起来有些矫情，有些年轻人聚在一起时，用他们自己创造的一些语言符号达到交流的目的。我提出这一课题，供阿拉伯国家的专家、学者探讨、思考；同时，根据了解的一些教学法等方面的相关知识，我尝试从中国人的学习实践的角度出发，大胆设计了一个阿拉伯语在中国传播的长期、中期、短期计划，并借鉴了一些具有代表性的范文起到抛砖引玉的作用，期待得到同行的共鸣，对阿拉伯语教学起到推动作用。

这里我首先要感谢我的先生杨明宇，是他当年放弃自己在国内的事业，远赴苏丹，全力支持我继续求学，没有他的鼓励和支持，无论是在当年想完成自己的博士论文，还是今天要在繁重的教学任务之余完成这本专著的编写，都是难以办到的。

其次，我还要感谢曾经对我出国留学给予极大帮助和支持的刘谦老师、张洪仪老师以及在国外留学期间的导师 Omer Sadig。正因为他们给我指引了一条未来的发展之路，才让我坚定必胜的信心并付出百倍的汗水和努力，克服一系列的困难坚持到最后。Omer 老师尽管身兼非洲大学阿拉伯语学院院长一职，仍坚持陪伴我走进苏丹很多大学的图书馆查找资料，搜集素材，并对我博士论文的撰写提出了很多合理化建议，在此一并深表感激之情。

最后，我想说，庞大而全面的创新，需要高度集中的精力和时间，更需要丰富的知识和非凡的技巧去建模。限于我的经验、学识和创新能力，书中错、谬、浅、漏在所难免。我诚恳地希望各位同行批评指正。

魏启荣

2011 年 12 月 16 日

于北京第二外国语学院

شكر وتقدير

الشكر لله تعالى وله الفضل والمنة على تقديره وعونه وتدبيره بعد أن وفقني في إتمام هذا البحث، ثم أقدم باسم آيات الشكر والتقدير لأستاذي الجليل: د. عوض السيد موسى عوض السيد الذي تكرم بالإشراف على هذه الدراسة وأسدى النصح الجميل والتوجيه المفيد والإرشاد المطلوب والمتابعة الدقيقة مما كان له الأثر الواضح في إخراج هذه الدراسة حسب المنهج العلمي السليم المتبع في إعداد الدراسات العلمية ومنحني قدرا من وقته الثمين ولا أنسى ما تعلمته منه خلاف العمل الأكاديمي، تعلمت منه الصبر وقوة الإرادة، والشكر له على مرونته في التعامل مما انعكس أثره إيجابيا على هذه الدراسة.

والشكر موصول للأستاذ: بروفيسور محمد عمر محمد يس الذي أمدني به من التوجيه الرشيد لمراجعة هذا البحث وحسن توجيهاته البناءة ومساعدته القيمة.

د

والشكر لكل من أرشد أو دل على كل مطلوب علمي يخص البحث، والشكر لله من قبل ومن بعد.

وأخص بالشكر أيضا إخواني وأخواتي وزملائي السودانيين وغير السودانيين لما قدموه لي من تشجيع لإكمال هذه الدراسة، فجزاهم الله جميعا خير الجزاء.

مستخلص البحث

هذه الدراسة تسعى إلى وضع الخطط الشاملة (الاستراتيجيات) لنشر اللغة العربية في الصين، لتخرج هذه اللغة من المأزق الحرج، وتنتشر في أنحاء الصين في ظل العولمة وحوار الحضارات لتحافظ على مكانتها العالمية.

ولقد تناولت الباحثة في هذه الدراسة بالبحث والنقصى مفهوم العولمة ومجالاتها التي ظهرت في عالم اليوم. ومن ثم تطرقت إلى بيان ذلك من خلال المنطور الإسلامي للعولمة، وتعرضت إلى الصراع الحضاري القائم اليوم، والذي يتمثل في الصراع بين الحضارة الغربية والحضارة العربية الإسلامية.

ومن خلال هذا التناول تجلت بعض الخصائص التي تتميز بها الحضارة العربية الإسلامية، الأمر الذي جعلها حضارة عالمية، ومنها كونها حضارة متفاعلة مع بقية الحضارات، وهي على استعداد

تام في كل زمان ومكان للحوار مع الحضارات الأخرى.

ثم تناولت الباحثة الوضع الراهن للغة العربية، وبينت خصائص هذه اللغة، ومنها أنها اللغة الوحيدة التي يتواصل بها عبر أكثر من ستة عشر قرنا. وأنها اللغة القومية للعرب، وهي وعاء لحضارتهم، وهي اللغة التي اختارها الله تعالى للقرآن العظيم، وهي من اللغات العالمية المعترف بها دوليا ورسميا في الهيئات والمنظمات الدولية مثل: هيئة الأمم المتحدة وغيرها.

ثم ذكرت الباحثة في دراستها التأثير والتأثر بين اللغة العربية واللغات العالمية الحية، وسعت إلى وضع خطط شاملة لنشر اللغة العربية على المدى القصير، والمتوسط والبعيد. وتحدثت عن الوسائل التي يمكن أن يتحقق بها هذا الهدف المنشود.

وختمت الدراسة بالنتائج ومنها: الوقوف على وضع اللغة العربية حاليا وأنها ما زالت تحتل مكانة عالية في العصر الحديث على الرغم مما يصاب به بعض العرب من الهجمات الشرسة.

وبعد ذلك قدمت الباحثة توصيات تعتبرها لازمة، وهي التي

انبثقت من خلال هذه الدراسة، وأهمها ضرورة التنسيق التام بين المنظمات العربية والإسلامية مثل: المنظمة العربية للتربية والثقافة والعلوم والمنظمة الإسلامية للتربية والعلوم والثقافة ومنظمة المؤتمر الإسلامي وغيرها من المنظمات العربية والإسلامية لتوحيد الجهود في نشر اللغة العربية وضرورة مساهمة معاهد إعداد معلمي اللغة العربية لغير العرب، ومعاهد تعليم اللغة العربية للناطقين بغيرها في نشر اللغة العربية عبر الشبكة الدولية للمعلومات، وغيرها من التوصيات الواردة في الدراسة التي ستثمر إن شاء الله.

Abstract

The study aims to lay out comprehensive plans for the dissemination of Arabic language world wide. There plans envisage to find escape for Arabic from the impasse in which it is found. It becomes a necessity fro Arabic to maintain its position under globalization and the civilizations conflict.

The research examines thoroughly the newly emerging concept of globalization and the way it is dealt with from an Islamic point of view. It touches upon the conflict between civilizations, namely between the western and the Arab Islamic civilization.

The study explores the characteristics of the Arab Islamic civilization. The study defines it as an international interactive civilization and a civilization that has the adeptness to dialogue with other civilizations at any time and everywhere.

The study depicts the current situation of the Arabic language and illustrates its characteristics. First, it is the only language that has been used for communication for more than sixteen centuries. Second, it is the national language for all Arab people. Third, it is the means by which they convey their civilization. Fourth, it is the language chosen by Allah for the Quranic revelation. Fifth, it is a world wide recognized language that is officially used in many international organizations such as the United Nations.

The researcher also points out the interaction between the Arabic language and other international languages.

The objective of the study is to set out comprehensive short, medium and long plans for the dissemination of Arabic. The study defines the methods to achieve this objective.

The study concludes that Arabic still occupies a prestigious status despite the severe attacks against Arab people.

Finally, the researcher stresses the importance of coordination between the Arab Islamic organizations such as the Arab Language Educational, Cultural and Scientific Organization, the organization of the Islamic conference. These organizations must make efforts to disseminate Arabic. The researcher also stresses the role of teachers training institutes in disseminating Arabic and the use of the international network (website) in teaching the language. The researcher recommends conducting studies relative to the subject such as using the internet in teaching Arabic.

الفهرس

الفصل الأول: الإطار العام والدراسات السابقة ١

المبحث الأول مقدمة هذه الدراسات ٢

المبحث الثاني الدراسات السابقة ٨

المبحث الثالث المقارنة والمناقشة ١٨

الفصل الثاني: الإطار النظري ٢١

المبحث الأول: مفهوم العولمة ونشأتها ومجالاتها ٢٢

المبحث الثاني: العولمة من منظور إسلامي ٣٠

المبحث الثالث: وضع الإسلام في الصين ٤٩

المبحث الرابع: الصراع الحضاري في عصر العولمة ٧٨

الفصل الثالث: الوضع الراهن للغة العربية في الصين بين اللغات العالمية ٩٢

المبحث الأول: خصائص اللغة العربية ٩٣

المبحث الثاني: مكانة اللغة العربية بين اللغات العالمية ٩٩

ض

المبحث الثالث: التأثر والتأثير بين اللغة العربية وبين العولمة.........١٠٦

المبحث الرابع : الوضع الراهن للغة العربية بين اللغات العالمية ١١٤

الفصل الرابع: تخطيط شامل لنشر اللغة العربية في العصر

الحديث ١٣٧

المبحث الأول: أهداف نشر اللغة العربية وأهميته في الصين ١٣٨

المبحث الثاني: تخطيط شامل لنشر اللغة العربية في العصر

الحديث...١٥٣

المبحث الثالث: الخطة الدراسية المقترحة لتعليم اللغة العربية.....١٦٤

المبحث الرابع: وسائل نشر اللغة العربية في العالم ١٩٨

الفصل الخامس: أهم النتائج والتوصيات والمقترحات..........٢٢٠

المبحث الأول: أهم النتائج ٢٢١

المبحث الثاني: أهم التوصيات ٢٢٣

الملاحق ٢٣٤

الملحق الأول ٢٢٩

الملحق الثاني ٢٥٣

المصادر والمراجع ٢٦١

الفصل الأول

الإطار العام والدراسات السابقة

المبحث الأول مقدمة هذه الدراسات

إن من الأمور المسلم بها أن العصر الذي نعيش فيه اليوم يختلف تماما عما عاش فيه أسلافنا من حيث التغيرات والتطورات الهائلة من كافة نواحي الحياة وهو عصر تكثر فيه ندوات براقة لكسر الحدود الجغرافية بين الدول قاطبة من أجل السعي إلى جعل العالم قرية واحدة تربطها مصالح مشتركة واحدة في جميع المجالات الاقتصادية والاجتماعية والثقافية والفكرية والسياسية والعسكرية واللغوية.

فالعالم الجديد أو ما يسمى بالعولمة تتكاثر فيه الصراعات العنيفة بين الحضارات العالمية السائدة في الساحة وتسعى كل حضارة إلى أن تحتل المركز الأول وتتقدم على نظائرها ومنافسيها من أهل الحضارات الأخرى.

واللغة العربية هي اللغة القومية للعرب عامة وهي حاملة في طياتها الثقافة العربية الإسلامية وقد أهلت خصائص عديدة هذه اللغة لتكون لغة عالمية منها أنها هي اللغة الوحيدة التي بقيت قدرتها التواصلية عبر أكثر من ستة عشر قرنا من الزمان ولقد ظلت هي لغة الفكر والعلم في العصر الوسيط وقد ساعدت عن طريق ما وسعته من حضارة نشأة النهضة الأوروبية، فهي لغة قادرة بعبقريتها الذاتية على استيعاب متطلبات التقدم البشري.

ومما أكد أهميتها وعالميتها أنها أصبحت إحدى اللغات الرسمية في الهيئات والمنظمات الدولية مثل: هيئة الأمم المتحدة والمنظمات المتخصصة مثل: منظمة الدول الإفريقية وغيرها مما أدى إلى إقبال كثير من الناس على تعلمها.

ونشر اللغة العربية وتعليمها للناس واجب قومي على الأمة العربية جمعاء إذ هي لغتهم التي تعبر عن ثقافتهم وعاداتهم. وكل قوم يتهاونون في أمر لغتهم يتهاونون في هويتهم لذلك لا بد للعرب من العناية الفائقة بها إذا أرادوا إثبات هويتهم وثقافتهم.

ونشر اللغة العربية واجب ديني على الأمة الإسلامية كافة لأنها تمثل لغة الدين الإسلامي وحاملة رسالة ربهم، والاستخفاف بأمرها هو الاستخفاف بدينهم وبأمر ربهم ولذلك فعليهم العناية التامة بتبليغ هذه اللغة وما تحمله من ثقافات متميزة وتعليمها للعالم بوجهها المشرق وبصورتها الحقيقية والخصائص التي تتميز بها هذه الحضارة العربية الإسلامية عن غيرها من الحضارات الأخرى ومنها أنها حضارة تتفاعل وتتحاور مع الحضارات السارية الآن ولعل أقوى دليل واقعي حاليا على ذلك ما تقوم به منظمات عربية إسلامية دولية في إقامة الندوات والمؤتمرات من قضايا الحوار بين الحضارات.

وإيمانا من الباحثة بالدور الفعال الذي تلعبه هذه اللغة ورأت ضرورة المساهمة في تحقيق أهدافها، فبادرت بالقيام بهذا العمل.

الفصـل الأول

الإطار العام والدراسات السابقة

١. موضوع البحث

تتناول هذه الدراسة الاستراتيجيات التي يمكن نشر اللغة العربية في الصين عبرها في ظل العولمة وصراع الحضارات السائدة اليوم.

٢. مشكلة البحث

إن مشكلة هذا البحث تقتصر على معرفة القضايا المتعلقة باللغة العربية في الصين من حيث وضعها الحالي ومدى تأثرها بقضية العولمة اللغوية التي يرددها بعض الناس في هذا العصر وكيف يمكن للناطقين بغير العربية ومن يتحدثون العربية جعلها لغة عالمية وتستحق مكانتها المتزايدة الأهمية في العالم المعاصر.

٣. أهداف البحث

تنحصر أهداف البحث فيما يلي:

(١) معرفة أوضاع اللغة العربية في الصين.

(٢) إبراز المكانة والعالمية والخصائص التي تتميز بها اللغة العربية على غيرها من اللغات وأنها لغة ذاتية منابعها عربية بحته.

(٣) معرفة أوضاع الحضارة العربية الإسلامية في هذا العصر الذي تتصارع فيه الحضارات العالمية.

(٤) إبراز الميزات التي تتسم بها الحضارة العربية الإسلامية وإثبات فعاليتها العالمية.

5

(٥) وضع الخطط والاستراتيجيات التي يمكن نشر اللغة العربية في الصين من خلالها والتي هي وعاء للثقافة الإسلامية وبخاصة في عصر العولمة.

٤. أهمية البحث

تتمثل أهمية هذا البحث في الوقوف على وضع اللغة العربية بين رصيفاتها من اللغات وما يدور من صراع لغوي تفرضه الحاجة الملحة لإبراز مكنونات وإثبات هويتها ومكانتها الأصلية بين لغات العالم.

٥. أسئلة البحث

يمكن حصر أسئلة هذه الدراسة فيما يلي:

(١) ما وضع اللغة العربية بين اللغات العالمية المعاصرة في الصين؟

(٢) ما هي الخصائص التي تتميز بها الحضارة العربية الإسلامية؟

(٣) مدى قابلية اللغة العربية لأن تكون لغة عالمية؟

٦. فروض البحث

لو كانت فروض البحث تصاغ وفقا لأسئلة البحث فإن فروض البحث تكمن في الآتي:

(١) إن اللغة العربية حاليا توجه اليها العداوة من بعض العرب وغيرهم ممن يتسترون وراء العولمة اللغوية ولكن رغم الهجمات الشديدة

صمدت هذه اللغة إلا أن تنتشر في أنحاء العالم.

(٢) للحضارة العربية الإسلامية خصائص كثيرة، ومن أهمها التفاعل أي أنها حضارة متفاعلة مع غيرها من الحضارات.

(٣) اللغة العربية قابلة لأن تكون عالمية وذلك للخصائص التي تتميز بها على غيرها من اللغات.

٧. حدود البحث

تنحصر حدود هذا البحث في الاستراتيجيات التي يمكن بها نشر اللغة العربية والوسائل المفيدة لتحقيق هذا الهدف في ظل العولمة وحوار الحضارات في الصين.

٨. منهج البحث

تتبع الباحثة في هذه الدراسة المنهج الوصفي التحليلي.

٩. أدوات البحث

في سبيل إنجاز هذه الدراسة وتحقيق غايتها، استخدمت الباحثة الأدوات التالية:

(١) المقابلة.

(٢) الدراسة النظرية التي تعتمد على الكتب والدوريات والرسائل العلمية والشبكة الدولية (الانترنت).

(٣) الملاحظة: وهي التأمل والاستقصاء في الحقائق.

استراتيجيات نشر اللغة العربية في الصين
في ظل العولمة وحوار الحضارات

١٠. مصطلحات البحث

جدول ١-١ مصطلحات هذه الدراسات

الرقم	مصطلحات البحث	المعنى
١	الاستراتيجيات	هي مجموعة الأفكار والمبادئ التي تناول ميدانا من ميادين النشاط الإنساني بصورة شاملة ومتكاملة وصولا إلى أهداف محددة وهي معنية بالمستقبل وتعني فن الاستخدام لبلوغ الأهداف.
٢	الجامعات الصينية	الجامعات التي فيها كلية اللغة العربية.
٣	الحضارة	كل ما ينشئه الإنسان في كل ما يتصل بمختلف جوانب نشاطه ونواحيه، عقلا وخلقا، مادة وروحا، دنيا ودينا.
٤	العولمة	اصطباغ عالم الأرض بصبغة واحدة شاملة بجميع أقوامها وكل من يعيش فيها وتوحيد أنشطتها الاقتصادية والاجتماعية والفكرية من غير اعتبار لاختلاف الأديان والثقافات والجنسيات والأعراق.

٥	الصين	جمهورية الصين الشعبية.
٦	الثقافة العربية	الأسلوب الكلي لحياة أمة عربية والثقافة لها جانبان: الجانب المعنوي ويتمثل في اللغة والأفكار العقلية، أما الجانب المادي فيتمثل في الموسيقى والرقصات والأكلات والملابس وغيرها.

المبحث الثاني الدراسات السابقة

تعرض الباحثة فيما يلي الدراسات السابقة على دراستها الحالية والتي أجريت في ميادين مختلفة حول قضايا نشر اللغة العربية في العالم. وهذه الدراسات السابقة تتجه بعضها إلى القضايا المتعلقة باللغة العربية في عصر العولمة، حينما تناولت بعضها قضايا نشر اللغة العربية.

والأسلوب الذي تتبعه الباحثة في عرضها للدراسات السابقة يتلخص في أنها تعرض هذه الدراسات أولا ، ثم تعلق عليها ثانيا متينا مدى الفائدة منها وعلاقتها بالدراسة الحالية.

أولاً- الدراسات السابقة فيما يتعلق بقضايا اللغة العربية في عصر العولمة

أ - دراسة الدكتور أحمد بن محمد الضبيب

أوراق بحثية قدمها مؤلفها في مناسبات مختلفة في قضايا اللغة العربية في عصر العولمة، ثم جمعها في كتابه الذي أسماه باللغة العربية في عصر العولمة، مكتبة العبيكان، الرياض، الطبعة الأولى، ١٤٢٣هـ — ٢٠٠١م، ص: ١١.

وقد تناول فيه الكاتب قضايا عديدة وجعل كل قضية في فصل مستقل، وتلك القضايا هي:

(١) اللغة العربية في عصر العولمة، وفيه واقع اللغة العربية في عصر العولمة.

(٢) في ظل العولمة وعلاقتنا باللغات الأجنبية وفي هذا تحدث عن مزاحمة اللغات الأجنبية خاصة الإنجليزية للغة العربية في الوطن العربي.

(٣) المصطلح العربي، وفيه ضرورة الاهتمام به في هذا العصر.

(٤) مستقبل الثقافة العربية من خلال اللغة، وهنا أبرز العلاقة الوطيدة بين اللغة العربية والثقافة الإسلامية.

(٥) اللغة العربية والإعلام: الواقع والمأمول. وفيه تطرق إلى ضعف مساهمة الأجهزة الإعلامية في نشر اللغة العربية.

(٦) ثم جاء بالحوار الذي جرى بينه وبين مجلة المعرفة وفيه قضايا عامة في الاهتمام بشأن اللغة العربية.

(٧) وفي الأخير ذكر عنوانا بـ(بل الواجب أن تكون بالعربية) الذي يهدف إلى الرد على ما نشرته جريدة الجزيرة بالمملكة العربية السعودية ملخصا لبحث الدكتور محمد الحبوبي الذي كتب رسالة الدكتوراه وفيه ضرورة تغيير لوحات المركبات بالمملكة العربية السعودية من الأرقام العربية إلى الإنجليزية.

ب - دراسة هيثم بن جواد الحداد

العولمة اللغوية، مجلة البيان، المنتدى الإسلامي، العدد ١٧٠، شوال، السنة السادسة عشرة، ١٤٢٣هـ يناير ٢٠٠٢م، ص: ٥٦_٦٨.

وتناولت الدراسة مدخلا في أهمية اللغة، ثم المقصود بالعولمة اللغوية، وأنها لمصالح اللغة الإنجليزية ثم عقبها بالمقترحات والحلول التي يراها الكاتب مناسبة لنشر اللغة العربية.

جـ - دراسة الدكتور بركات محمد مراد

ظاهرة العولمة رؤية نقدية، كتاب الأمة، وزارة الأوقاف والشؤون الإسلامية بقطر، العدد ٨٦، ذوالقعدة ١٤٢٢هـ، السنة الحادية والعشرون.

تهدف هذه الدراسة إلى إبراز ظاهرة العولمة ورؤيتها فيها رؤية نقدية.

وتناولت هذه الدراسة قضايا عديدة وأهمها: إرهاصات العولمة مبينا فيها آراء العلماء والكتاب للعولمة، ثم الموضوع بصيغة السؤال: "هل العولمة تفرض نفسها؟" وتحدث فيه أن العولمة تكرس حضارة جديدة، ثم بين الجذور التاريخية للعولمة. وبعد ذلك تطرق إلى تعريفات العولمة وتجلياتها. ومن ظواهر العولمة، ثم ختم حديثه موضوع العولمة بين الإسلام والمسلمين وفيه رؤية إسلامية للعولمة.

د- محاضرة بعنوان نشر اللغة العربية في ظل مهددات العولمة وصراع الحضارات

أقامها قسم التقنيات التربوية، معهد الخرطوم الدولي للغة العربية بقاعة اتحاد أصحاب العمل السوداني في يوم الاثنين الموافق ٢٠٠٢\١٠\٨م.

كان قد افتتح البروفيسور عون الشريف قاسم(الراحل) رئيس الجلسة هذه المحاضرة مشيرا إلى قدسية اللغة العربية المستقاة من القرآن الكريم والحديث النبوي الشريف، ثم تطرق إلى العوائق والصعوبات التي تواجه اللغة العربية في العصر الحديث، وتاريخ الصراع بين اللغات العالمية، وكيف صمدت اللغة العربية أمام تحدياتها. ثم دعا إلى ضرورة استخدام اللغة العربية في العلم والتقانة لكي لا تحصر فقط في مجال الدين.

وأما المتحدث في هذه المحاضرة فهو البروفيسورعبد الرحيم علي

محمد مدير معهد الخرطوم الدولي للغة العربية، فيتمثل حديثه في
تعريف العولمة ومجالاتها وواقع اللغة العربية في هذا العصر والتحديات
التي تواجهها، ثم في الآخر تطرق إلى ضرورة الاستفادة من الإنترنت في
مجال نشر اللغة العربية.

ثانيا- الدراسات السابقة في مجال قضايا نشر اللغة العربية
أ - دراسة الدكتور محى الدين صابر

قضايا نشر اللغة العربية و الثقافة العربية الإسلامية في الخارج،
المجلة العربية للدراسات اللغوية، معهد الخرطوم الدولي للغة العربية،
السنة الأولى، العدد الأول، أغسطس ١٩٨٢م، ص : ١٠—٣٢.

تناولت الدراسة جوانب عديدة في قضايا نشر اللغة العربية في
الخارج، وهي تهدف إلى الوقوف على الحلول لنشر اللغة العربية ووسائلها.
وقد بدأ الكاتب بمدخل يبين فيه أهمية اللغة العربية لكل مجتمع وعوامل
نشر اللغة العربية، وشيئا من ميزات اللغة العربية ونحوها. ثم تطرق إلى
استراتيجية نشر اللغة العربية والثقافة العربية الإسلامية، وتحدث حول
الأهداف لهذا النشر.

وبعد ذلك تناول الوسائل والأساليب لنشر اللغة العربية ثم مدى
استغلال الأجهزة الإعلامية، وبيان أهمية دور مؤسسات تنمية اللغة
ونشرها، ثم في الختام تناولت قضايا التمويل.

13

ب ـ دراسة الدكتور شكري فيصل

قضايا اللغة العربية المعاصرة، المنظمة العربية للتربية والثقافة والعلوم، تونس ١٩٩٠م ص: ٣٠ـ٥٥.

تناولت هذه الدراسة القضايا المعاصرة المتعلقة باللغة العربية، وهي تهدف إلى الوقوف على كيفية حماية اللغة العربية من أعدائها وكيف يمكن نشرها. افتتح الكاتب دراسته هذه بمدخل نظري وأدرج تحته أهمية معرفة اللغة العربية عن طريق تجديد البحث اللغوي من معطياتها النظرية ووسائلها العملية، وبعده أشار إلى كيفية حماية اللغة العربية المتمثلة في حمايتها من الصراع الداخلي: الصراع بين العاميات والفصحى (ظاهرة الازدواجية اللغوية)، ثم تناول الكاتب قضية نشر اللغة العربية وذكر فيها أهمية تعليم العربية للعرب وتعليمها لغير العرب من الشعوب الإسلامية التي تستخدم الحرف العربي والتي لا تستخدمه كذلك. والشعوب الأجنبية مبينا أيضا قضية التعليم الجامعي واللغة العربية (المصطلح العلمي) وفيه أن ما وصل إليه العرب في نطاق المصطلحات لا يزال دون ما يجب لهم، ولا تزال المصطلحات العلمية الأجنبية تتوالد نسبا عالية نتيجة للتقدم العلمي والفني حتى لا تكاد اللغة العربية تلحق بها. وبعده ذكر بعض وسائل نشر اللغة العربية التي تكمن في الطباعة العربية والعناية بالمعجم العربي، واستخدام وسائل من حيث تناولها قضايا اللغة العربية ونشرها. وقد استفادت منها الدراسة الحالية.

الفصل الأول
الإطار العام والدراسات السابقة

جـ ـ دراسة تركي رابح عمامرة

من قضايا الثقافة العربية: نشر اللغة العربية في العالم بين التقصير والطموح ومشاكل الواقع، المجلة العربية للعلوم الإنسانية، جامعة الكويت، العدد الواحد والعشرون، المجلد السادس (شتاء) ١٩٨٦م، ص:٦ـ٣٩.

تهدف هذه الدراسة إلى إبراز أهمية نشر اللغة العربية للعرب والخطط التي تنشر بها اللغة العربية إلى خارج أوطانها.

وتناولت هذه الدراسة دعوة الأمة العربية (منظمات وحكومات) إلى العناية بلغتها العريقة نظرا لموقعها الاستراتيجي، ودورها الحضاري وكثافتها البشرية، إمكانيتها المالية والاقتصادية الهائلة في المجتمع الدولي المعاصر، وأن تعمل على نشر اللغة العربية بين مختلف شعوب العالم بهدف التعريف بالأمة العربية تاريخا وحضارة وثقافة وما ساهمت به في الحضارة والثقافة الإنسانية منذ قرون عديدة.

وأشار الباحث إلى أن هناك اليوم إقبالا كبيرا على تعلم اللغة العربية وبخاصة في الشعوب الإسلامية والبلدان ذات الأقليات المسلمة، وبعد ذلك بين كيفية نشر اللغة العربية عند الشعوب غير الإسلامية أنه يمكن الاقتداء بخطط الدول المتقدمة التي تعمل منذ وقت طويل على نشر لغاتها وثقافتها في أقطار الأمة العربية: الإنجليزية والفرنسية والإيطالية والألمانية والأسبانية والروسية على سبيل المثال.

15

وبعده اقترح خطة لنشر اللغة العربية في العالم تبدأ بخطة قصيرة المدى وتليها خطة متوسطة المدى وأخرى بعيدة المدى. ثم تنبه إلى العوائق التي يمكن أن تعيق مسيرة تقدم هذه اللغة، وما تقترحه من حلول، واختتمت دراسته بخلاصة وتقديم لجهود بعض الجهات المهتمة بنشر اللغة العربية في العالم مع الإشارة إلى الإيجابيات والسلبيات التي رافقت هذه الجهود. وهذه من الدراسات الجيدة في نوعها، لأنها دراسة جادة وسعت بكل طاقتها لتفصيل هذه القضايا.

د ـ دراسة الأستاذ صالح بلعبيد

اللغة العربية خارج حدودها، المجلة العربية للدراسات اللغوية، معهد الخرطوم الدولي للغة العربية، العدد السادس عشر، شعبان ١٤٢٠ هـ نوفمبر ١٩٩٩م.

تستهدف هذه الدراسة بيان أهمية نشر اللغة العربية خارج أوطانها، وهو ما يجب أن تكون عليه في البلدان غير الناطقين بالعربية التي يجب استهدفتها من خلال عملية تعليم العربية للأجنبي إلى متعلقات أخرى، تخص قضايا تفعيل اللغة العربية حالة توجهها إلى مخاطبة غير الناطق بها.

وتجيب هذه الدراسة عن أسئلة طرحها الكاتب في كتاب له أسماه بـ"في قضايا اللغة العربية" وهي عشر أسئلة تتعلق بتبليغ العربية لغير الناطقين بها وتلك الأسئلة هي:

(١) ما هي الأغراض التي نستهدفها من خلال عملية تعليم اللغة العربية للأجنبي؟

(٢) ما هو المحتوى الذي يلقن لهذا الأجنبي؟

(٣) ما هي أفضل الطرائق التي تجعل الأجنبي يستوعب هذه اللغة؟

(٤) كيف تستوعب هذه اللغة في ظرف زمني قصير؟

(٥) ما هي السياسات اللغوية التي يجب التركيز عليها؟

(٦) ما هي الوسائل التعليمية التي تكون رافدة لعملية التعلم هذه؟

(٧) كيف نجعل اللهجات المحلية قريبة من الفصحى؟

(٨) كيف نعالج مشكلة تعليم العربية لأبناء المهارجين؟

(٩) ما هو الخط الذي تلقن به هذه اللغة خارج أوطانها؟

(١) ما هو القاموس الخاص لغير الناطقين بالعربية؟

وأجاب الكاتب عن كل سؤال بإجابة وافية، ثم ختمت دراسته ببعض الملاحظات المناسبة.

هـ - دراسة الدكتور زايد بركة محمد

اللغة العربية لدى الناطقين بها والناطقين بغيرها، المجلة العربية للدراسات اللغوية، معهد الخرطوم الدولي للغة العربية، العدد١٧، ذو

استراتيجيات نشر اللغة العربية في الصين
في ظل العولمة وحوار الحضارات

العقدة ١٤٢١هـ فبراير ٢٠٠٠م.

تهدف هذه الدراسة إلى الوقوف على القضايا المهمة المتعلقة بالاهتمام باللغة العربية ونشرها لأبناء العرب ولغير العرب.

وقد بدأ الكاتب حديثه بأن اللغة ظاهرة ثقافية، وأنها في أي مجتمع هي وعاء ثقافته تكتسب بالمعايشة والتفاعل الاجتماعي بين أفراد الجماعة، ومن ثم فإن الثقافة تكتسب اجتماعيا وليس بيولوجيا ولا تورث، ثم تطرق إلى الوحدة اللغوية والدينية مبينا فيها أن تلازم انتشار العربية والإسلام خاصية انفردت بها العربية، وهذه الوحدة العضوية بين اللغة العربية والإسلام، وأن هذه الوحدة بينهما تتلخص في مستوين: المستوى الفردي والاجتماعي الثقافي، ثم تناول قضية اللغة العربية لدى الناطقين بها من حيث إن مع الرغم بتعدد العاميات العربية فإن اللغة الفصيحة ظلت عبر تاريخها الطويل لغة جامعة توحد بين الأقطار العربية.

وبعده أشار الدكتور إلى اللغة العربية لدى الناطقين بغيرها، وعلاقتها باللغات المحلية حيث بين فيه أنه ارتبط تعلم العربية في المجتمعات المسلمة بتعليم علوم الدين حتى يتمكن المسلم في أداء شعائره الدينية. والاقتراض الموجود في هذه اللغات المحلية من اللغة العربية. وأن مواد تعليم العربية لغير العرب يسير وفق غير منهجية، وذلك لضعف الإمكانات.

ثم تحدث عن استراتيجية عربية إسلامية، مبينا أنه ينبغي أن تجعل من الثقافة الإسلامية محورا لمناهج التعليم العام، وذلك لبناء الذات

الإسلامية من خلال المنطلقات الفكرية الإسلامية. ثم اقترح الكاتب بعض المقترحات في قضايا نشر اللغة العربية والثقافة الإسلامية بمستويين بالنسبة للناطقين بالعربية، وكذلك للناطقين بغير العربية.

المبحث الثالث المقارنة والمناقشة

دراسة الدكتور أحمد بن محمد الضبيب مفيدة جدا فيما تتناوله من الموضوعات وبخاصة أنها تصب في قضايا اللغة العربية في عصر العولمة. ومن حيث مدى الفائدة للدراسة الحالية وعلاقتها معها يتضح جليا أن دراسة الدكتور الضبيب له علاقة متينة بينها وبين الدراسة الحالية بواسطة عنوانها وما تحتويها، ولذلك استفادت منها الدراسة الحالية وبخاصة في قضايا اللغة العربية في عصر العولمة.

أما دراسة هيثم بن جواد الحداد مثلها كمثل الدراسة قبلها، حيث تهتم بقضايا اللغة العربية في عصر العولمة. وقد أفادت الدراسة الحالية منها في الحلول والمقترحات التي تناولها الكاتب في نشر اللغة العربية.

وقد استفادت الباحثة من دراسة الدكتور بركات محمد مراد في بعض القضايا و بخاصة فيما يتعلق بالعولمة بين الإسلام والمسلمين.

وعندما ننظر إلى محاضرة بعنوان "نشر اللغة العربية في ظل

مهددات العولمة وصراع الحضارات"، نجد أن بينها وبين دراستنا هذه علاقة وطيدة، إذ كل يرمي إلى هدف واحد وهو قضية نشر اللغة العربية في ظل العولمة وصراع الحضارات، غير أن الدراسة الحالية تختلف عنها من حيث السعي للوقوف على أوضاع اللغة العربية حاليا، ثم وضع الاستراتيجيات التي من خلالها يمكن للعرب والمسلمين نشر اللغة العربية في هذا العصر وما اكتفت الدراسة بذلك بل اقترحت وسائل عديدة لتحقيق هذا الهدف المنشود.

دراسة الدكتور محي الدين صابر دراسة مفيدة خاصة أن الكاتب تناول كل قضية من هذه القضايا تناولا دقيقا؛ واتضح في هذه الدراسة تجربة شخصية لهذا الكاتب في مجال المهنة، وبخاصة أنه هو مدير المنظمة العربية للتربية والثقافة والعلوم حينذاك. وأما العلاقة الموجودة بين الدراسة الحالية وتلك الدراسة فواضحة جدا، حيث أن معظم ما تناولته هذه الدراسة السابقة هو قضايا نشر اللغة العربية والثقافة العربية الإسلامية في الخارج، وهذه الدراسة الحالية كذلك تلي اهتماماتها في استراتيجية نشر اللغة العربية في هذا العصر ومن هناك بين مدى استفادة الدراسة الحالية منها.

ولا شك في أن هناك علاقة بين دراسة تركي رابح عمامرة وبين الدراسة الحالية من جهة قضايا نشر اللغة العربية وعلى ذلك، فقد استفادت منها الدراسة الحالية.

أما دراسة الأستاذ صالح بلعبيد لها علاقة بينها وبين الدراسة

20

الفصـل الأول
الإطار العام والدراسات السابقة

الحالية من حيث تناولها القضايا المهمة في إيصال اللغة العربية للطالب الأجنبي وقد استفادت منها الدراسة الحالية.

ودراسة الدكتور زايد بركة محمد دراسة جادة في مجالها ولا شك أن هناك علاقة متينة بينها وبين الدراسة الحالية وقد استفادت منها الدراسة الحالية.

وهذه الدراسات السابقة عامة تصب بعضها في القضايا المتعلقة بالعولمة واللغة العربية، وبعضها في قضايا نشر اللغة العربية. أما هذه الدراسة الحالية فإنها تهتم بقضايا استراتيجيات نشر اللغة العربية في عصر العولمة هذا وصراع الحضارات.

الفصل الثاني

الإطار النظري

المبحث الأول مفهوم العولمة ونشأتها ومجالاتها

أولا- مفهوم العولمة

العولمة في اللغة: مأخوذة من التعولم والعالمية والعالم وتعني تقييم الشيء وتوسيع دائرته ودائرة تأثيره. هنالك فرق كبير بين المصطلحين العالمية والعولمة. فالعالمية تعني أن أبناء هذا العالم بمختلف قبائله وشعوبه ولغاته ومِلله ونحله. وفي الاصطلاح: اصطباغ عالم الأرض بصبغة واحدة شاملة بجميع أقوامها وكل من يعيش فيها وتوحيد أنشطتها الاقتصادية والاجتماعية والفكرية من غير اعتبار لاختلاف الأديان والثقافات والجنسيات والأعراق.

ويعرفها صندوق النقد الدولي أحد المؤسسات الدولية التي تتبنى العولمة بأنها: التعاون الاقتصادي المتنامي لمجموع دول العالم والذي يحتمه ازدياد حجم التعامل بالسلع والخدمات وتنوعها عبر الحدود إضافة إلى تدفق رؤوس الأموال الدولية والانتشار المتسارع للتقنية في أرجاء العالم كله[1]. وفي محاولة لتحديد مكونات تعريف العولمة، يقول الأستاذ السيد ياسين: إن تعريف العولمة لا بد وأن يشتمل على ثلاث عمليات تتعلق

1. السيد ياسين - في مفهوم العولمة - المستقبل العربي - العدد 228.

بانتشار المعلومات وتذويب الحدود وزيادة معادلة التشابه بين الجماعات والمؤسسات والمجتمعات وبهذا يصبح جوهر عملية العولمة: سهولة حركة الناس والمعلومات والسلع بين الدول على نطاق كوني[1]. ويلاحظ أن هذا التعريف أعطى العولمة صفة الشمول ولم يقصرها على الجانب السياسي فيقول:" هي حقبة التحول الرأسمالي العميق للإنسانية جمعاء في ظل هيمنة المركز وتحت سيطرته."[2]

ومن خلال التعريفات التي تعرضنا لها يتضح أن العولمة واقع يثمر بتزايد الارتباط والاعتماد المتبادل بين المجتمعات البشرية في المجالات الاقتصادية والثقافية والإعلامية وغيرها من المجالات ساهمت في ترسيخها كتوجه عالمي ثورة التكنولوجيا في مجال المعلومات والتواصل[3]. ويستخدم مفهوم العولمة لوصف كل العمليات التي تكسب العلاقات الاجتماعية نوعا من عدم الفصل (سقوط الحدود) وتلاشي المسافة حيث تجري الحياة في العالم كمكان واحد: قرية واحدة صغيرة. ومن ثم فالعلاقات الاجتماعية التي لا تحصى عددا أصبحت أكثر اتصالا وأكثر تنظيما على أساس تزايد سرعة ومعدل تفاعل البشر وتأثرهم ببعضهم البعض ويرتكز مفهوم العولمة على التقدم الهائل في المعلوماتية بالإضافة الى الروابط المتزايدة على كافة الأصعدة على الساحة الدولية المعاصرة[4].

---

1. السيد ياسين ـ في مفهوم العولمة ـ المستقبل العربي ـ العدد 222.
2. مجموعة مؤلفين ـ العرب والعولمة ـ بيروت ـ مركز دراسات الوحدة العربية 1988م.
3. د.مانع الجهني ـ مرجع سابق
4. عمرو عبدالكريم ـ مرجع سابق.

الفصل الثاني
الإطار النظري

ثانيا- نشأة العولمة وتطورها

إن البذرة الأساسية للعولمة حديثا ترجع إلى انبثاق نهج جديد يكمن من حيث الشكل في عشرة وصايا تمثل نموذجا لسياسة اقتصادية اقترحها الاقتصادي الأمريكي جون ويليامسون سنة ١٩٨٩ بالتعاون مع معهد الاقتصاد العالمي وتبنتها الإدارة الأمريكية ومجلس الشيوخ ومسؤولي صندوق النقد والبنك العالميين في واشنطن وذلك لتطبيقها كمرحلة أولى لسياسة الإصلاح الاقتصادي.

ثالثا- أنواع العولمة

أ - العولمة السياسية

تعد السياسة من أبرز اختصاصات الدولة القومية التي تحرص على عدم التفريط بها ضمن نطاقها الجغرافي ومجالها الوطني. وهذا الحرص ضمن المجال المحلي وبعيد عن التدخلات الخارجية ترتبط أشد الارتباط بمفهوم السيادة وممارسة الدولة لصلاحياتها وسلطاتها على شعبها وأرضها وثرواتها الطبيعية. والدولة القومية هي نقيض العولمة، كما أن السياسة ونتيجة لطبيعتها ستكون من أكثر الأبعاد الحياتية مقاومة للعولمة التي تتضمن انكماش العالم وإلغاء الحدود الجغرافية وربط بالاقتصادات والثقافات والمجتمعات والأفراد بروابط تتخطى الدول

27

وتتجاوز سيطرتها التقليدية على مجالها الوطني والمحلي . إن الدولة التي كانت دائما الوحدة الارتكازية لكل النشاطات والقرارات والتشريعات أصبحت الآن وكما يوضح ريتشارد فويك: "مجرد وحدة ضمن شبكة من العلاقات والوحدات الكثيرة في عالم يزداد انكماشا وترابطا". فالقرارات التي تتخذ في عاصمة من العواصم العالمية سرعان ما تنتشر انتشارا سريعا إلى كل العواصم، والتشريعات التي تخص دولة من الدول تستحوذ مباشرة على اهتمام العالم بأسره، والسياسات التي تستهدف قطاعات اجتماعية في مجتمع من المجتمعات تؤثر تأثيرا حاسما في السياسات الداخلية والخارجية لكل المجتمعات القريبة والبعيدة.

ترتبط العولمة السياسية ببروز مجموعة من القوى العالمية والإقليمية والمحلية الجديدة خلال عقد التسعينات، لقد أصبحت هذه المؤسسات التجارية والمالية من الضخامة والقوة، حيث أنها أصبحت قادرة على فرز قراراتها وتوجيهاتها على كل دول العالم. كذلك هناك الشركات العابرة للحدود التي شكلت نتيجة للتحالفات عابرة القارات بين الشركات الصناعية والمالية والخدماتية العلاقة في كل من أوروبا وأمريكا واليابان.

إن ما تقوم به هذه الشركات هو إعادة رسم الخارطة الاقتصادية العالمية وزيادة سيطرتها وتحكمها في الأسواق العالمية وتوجيه سياساتها خلال القرن القادم. وفي الجانب الاجتماعي فقد برزت في الآونة الأخيرة المنظمات الأهلية غير الحكومية على الساحة السياسية العالمية كقوة

فاعلة ومؤثرة في المؤتمرات العالمية كمؤتمر "قمة الأرض" في ريودي جانيرو، و"مؤتمر السكان" في القاهرة، ومؤتمر "المرأة" في بكين، ومؤتمر "حقوق الإنسان" في فينا، وتأتي في مقدمة هذه المنظمات غير الحكومية منظمات البيئة كـ"منظمة السلام الأخضر"، و"منظمات حقوق الإنسان" ومنظمة "العفو الدولية"؛ والمنظمات النسائية كمنظمة "أخوات حول العالم". جميع هذه المنظمات أخذت تعمل باستقلال تام عن الدول التي لم تعد قادرة على التحكم في نشاط وعمل هذه المنظمات. ومع أن هذا التطور الذي يصب في سياق بروز الحكم العالمي والذي يتضمن بروز شبكة من المؤسسات العالمية المترابطة التي تضم الدول والمنظمات غير الحكومية والشركات العابرة للقارات، والهيئات الدولية، كالأمم المتحدة يستثمرها البعض ليعدها خطوة في الطريق المستقبلي نحو قيام الحكومة العالمية الواحدة والتي هي الهدف النهائي للعولمة السياسية. في حين أن ما يجري يمثل موقف تلك الدول بكل سيادتها واستقلالها باتجاه التعاون في تناول قضايا مهمة تخص المجتمع الدولي وتعمل سوية من أجل حلها. لقد أفرز الوضع الدولي الجديد.

بـ ـ العولمة الاقتصادية

مما لاشك فيه أن أهم مجالات العولمة وأكثرها وضوحا وأبرزها أثرا وهدفا هو المجال الاقتصادي على الرغم من لها مظاهر مختلفة سبقت الإشارة إليها إلا أن وجهات النظر السابقة تتلقى في هذا المجال الاقتصادي، وبعبارة أخرى فإن ظاهرة العولمة حسب هذا المفهوم هي بداية ظاهرة

الإنتاج الرأسمالي ومقوماته ونشرها في كل مكان ملائم خارج ما يسمى بإطار مجتمعات المركز الأصلي.

تعظيم دور الثورة التقنية وأثرها على الاقتصاد العالمي وظهور ما يسمى باقتصاد المعرفة. وأخيرا فإن العولمة الاقتصادية تعتمد على مفهوم السوق أي سوق بلا حدود من خلال إلغاء القيود على حركة رؤوس الأموال والبضائع. وفي سياق هذا النظام العالمي الجديد الذي ظهر بظهور العولمة حمل معه منطقا خاصا من الناحية الاقتصادية وتحكمه قواعد خاصة غير تلك القواعد التقليدية القديمة، مما نتج عنه عدة تداعيات وتجليات مختلفة لا بد من مواجهتها كانفتاح الأسواق والتكتلات الاقتصادية وخيارات الشراكة الأورمتوسطية، والانضمام إلى المنظمة العالمية للتجارة وكذلك التطورات المرتبطة بتكنولوجيا الإعلام والاتصال وكلها نقلت الاقتصاد العالمي إلى هذه المرحلة الراهنة الجديدة وهي تتسم باختلاف القوانين والمبادئ وفي نوعية الإنتاج وكيفيته، كل ذلك أدى إلى ظهور اقتصاد جديد في عصر العولمة يسمى باقتصاد المعرفة وهو اقتصاد ذو طابع خاص مرتبط بكل هذه التحولات والتبعيات، وقد أضاف عنصرا جديدا إلى العناصر التقليدية للإنتاج المتمثلة في العمل ورأس المال والموارد الطبيعية وهذا العنصر الجديد هو المعلومات حيث ظهر كأهم عناصر التكنولوجيا الحديثة وأصبح تأثيرها يتعدى الإنتاجية ليصل إلى العلاقة بين الاقتصاديات المتطورة وبين القطاع العام والخاص، ومن ثم فقد أصبحت ثورة المعلومات وتقنياتها عنوانا للاقتصاد الجديد أو الاقتصاد

الرقمي والذي يتسم بأنه:

(١) اقتصاد لا حدودي في ظل تعاظم دور المعلومات وأصبحت هي مفتاح عولمة الاقتصاد ودليل شموليته.

(٢) اقتصاد قائم على المعرفة ومن هنا ظهرت بوادر ما يسمى بمجتمع المعرفة الذي تشكل فيه المعلومات مصدرا اقتصاديا في ذاتها وليس مجرد وسيلة.

جـ ـ العولمة الثقافية

تجاوز مخطط التفتيت للمجتمع العربي الأبعاد السياسية والجغرافية إلى الأبعاد الاجتماعية والثقافية والفكرية والروحية. وتأتي العولمة لتحقيق هذه الأهداف، فهي عولمة حضارية وهذه الحضارة بدورها تعبير ثقافة أمة معينة أو ثقافة مجموعة من الأمم.

فالواقع يؤكد بأنه ليس هناك ثقافة عالمية واحدة وإنما توجد ثقافات متعددة متنوعة تعمل كل منها بصورة تلقائية أو بتدخل إرادي من أهلها على الحفاظ على كيانها ومقوماتها الخاصة، فالتعدد الثقافي في الوطن العربي واقعة أساسية لا يجوز القفز عليها بل لا بد من توظيفها بوعي في إغناء وإخصاب الثقافة العربية وتوسيع مجالها الحيوي، فالثقافة العربية اليوم لا تصارع الثقافات القومية فقط، لكنها من خلال عصر المعلومات والثورة الاتصالية والتفجير التكنولوجي تصارع قوة الثقافة. إن الثقافة العربية اليوم هي دليل الأمة نحو إنسانيتها ودليل حضاري نحو

التمسك بالحوار على الرغم من عوامل الصراع التي تهدد الأمة بمصيرها الحضاري.

د ـ العولمة الإعلامية

أما عولمة الإعلام فهي سمة رئيسية من سمات العصر المتسم بالعولمة وهي امتداد أو توسع في مناطق جغرافية مع تقديم مضمون متشابه وذلك كمقدمة لنوع من التوسع الثقافي نتيجة ذلك التطور لوسائل الإعلام والاتصال التي جعلت بالإمكان فصل المكان عن الهوية والقفز فوق الحدود الثقافية والسياسية والتقليل من مشاعر الانتماء إلى مكان محدود، ومن الأوائل الذين تطرقوا إلى هذا الموضوع عالم الاجتماع الكندي مارشال ماكلوهان، حيث صاغ في نهاية الستينات ما يسمى بالقرية العالمية، فإن عولمة الإعلام توصف بأنها عملية تهدف إلى التعظيم المتسارع والمذهل في قدرات وسائل الإعلام والمعلومات على تجاوز الحدود السياسية والثقافية بين المجتمعات بفضل ما تقدمه تكنولوجيا الحديثة والتكامل والاندماج بين هذه الوسائل بهدف دعم وتوحيد ودمج أسواق العالم وتحقيق مكاسب لشركات الإعلام والاتصال والمعلومات العملاقة وهذا على حساب دور الدولة في المجالات المختلفة.

وسائل الإعلام السمعية البصرية، شبكات المعلومات، الطريق السريع للمعلومات يفرض سيطرته على صناعة الاتصال والمعلومات المصدر الجديد في عصر العولمة لإنتاج وصناعة القيم والرموز والذوق في المجتمعات، وهنا تظهر الصورة كأحد أهم آليات العولمة في المجال الإعلامي

بعد التراجع الكبير للثقافة المكتوبة وظهور ما اصطلح على تسميته بثقافة ما بعد المكتوب.

ويمكن القول: إن وسائل الإعلام وشبكات الاتصال تؤدي مجموعة من المهام في مسار العولمة يمكن ذكرها: تيسر التبادل الفوري واللحظي وتساهم في خلق أشكال جديدة للتضامن والتعاون بين الأفراد عبر الشبكات. وقد مكن الإعلام والتطور التكنولوجي من ظهور الإعلام والمعلومات كسلطة ووسيلة تحول المجتمعات وتغيرها.1.

المبحث الثاني العولمة من منظور إسلامي

منذ أكثر من قرن وقد واجهت التحديات الدين بقصد وتخطيط، سواء أكان التأثير في ذلك داخليا أم خارجيا، داخليا يقصد بالقابلية للسقوط، أما بالنسبة إلى العوامل الخارجية، فهي تتمثل في هجمة التبشير والاستشراق والتغريب والاستعمار على العالم الإسلامي. والعودة هذه المرة إلى الإسلام ، والانطلاق منه إلى عصرنا يقتضي منا إعادة النظر في الأمور

1.

http://ziban.free.fr/arabe/storyid=47

الآتية: كيف تحارب العولمة العالم الإسلامي اقتصاديا واجتماعيا وسياسيا؟ وكيف يتسنى للإسلام مقاومة تسلطها من خلال الفكر الاقتصادي والاجتماعي والتربوي؟ هذه الأسئلة، سنجيب عليها في الصفحات التالية.

أولا- الفكر الإسلامي

لا بد لنا أن نؤكد على أصول العقيدة الثابتة القاطعة في كتاب الله تعالى وسنة نبيه (صلى الله عليه وسلم) وفصلها من فروعها، والتأكيد على الأصول، وترك الفروع التي اختلف حولها العلماء حتى لا نتمزق من جديد.

عد تيارات الفكر الإسلامي القديم تيارات اجتهادية جابهت الفلسفات والتيارات الفكرية في زمانها فأصابت وأخطأت، وليس من المصلحة إحياؤها اليوم وإدارة صراعات جديدة عليها. مواجهة الأفكار الجديدة بأسلوب جديد ومادة معرفية جديدة، منطلقين من كتاب الله وسنة رسوله (صلى الله عليه وسلم).

تبني المنهج الشمولي في فهم الإسلام الذي يجمع بين العقيدة والشريعة والسلوك والحركة والبناء الحضاري، من خلال منهج عقلي أصولي سليم.

الإيمان بأن الفقه الإسلامي فقه متجدد لا يقف عند زمن معين ولا مذهب معين ومواجهة مشكلات العصر من خلال مقاصد الشريعة وقاعدة الأيسر وليس الأحوط.

دراسة الأنظمة العامة والمبادئ الكلية في الشريعة الإسلامية بمواجهة ما عند الغرب من مبادئ ونظريات قانونية كلية.

دراسة السنن الكونية دراسة علمية موضوعية والاستفادة منها في الدخول إلى العصر الحضاري الإسلامي الجديد.

محاربة مظاهر البدع والخرافة والتواكلية التي أخرت تقدم الأمة وقيامها عبر العصور الأخيرة.

الرد على الغزو الثقافي العولمي الأجنبي من خلال المنهج السابق في الفكر الإسلامي بجميع الوسائل التي يعتمد عليها، سواء من خلال الأنماط الفكرية أم الفنية أم الأدبية التي يعرضونها من خلال أفكارهم المناقضة للإسلام.

ثانيا- الفكر السياسي

لا بد من القيام بنقد تاريخي شامل لنظام الحكم في المجتمعات الإسلامية وإثبات أن الاستفراد بالحكم فيه الذي كان سائدا في تاريخ الإسلام، سواء أكان في الدولة الأموية أم العباسية أم العثمانية أم في دول الأندلس وغيرها من الدول والدويلات التي حكمت العالم الإسلامي عبر

القرون، وكذلك في الدول الحديثة والمعاصرة على تنوع أنظمتها العلمانية أو ادعائها تبني الإسلام والتطبيق المزيف أو المنقطع المجزأ بالكتاب والسنة منهج مخالف لنظام الحكم الشوري في الإسلام مخالفة أكيدة، وإنه جلب على الأمة الإسلامية عبر العصور مآس جمة وخرابا شاملا، وإنه من أعظم أسباب سقوط المجتمع الإسلامي وأزماته قديما وحديثا.

إن نظام الشورى في الإسلام كما طبقه الرسول (صلى الله عليه وسلم) وخلفاؤه الراشدون، وكما يمكن أن يلجأ اليوم إلى الآليات والأساليب المعاصرة المنسجمة مع روح الإسلام لتحقيق مقاصد الشورى، هو الذي يحقق كرامة الإنسان المسلم، ويعيد إليه حقه في المعارضة والتعبير عن آرائه بحرية أخلاقية منضبطة.

إن أي إصلاح لا يمكن أن يجري على أصوله الصحيحة في بلاد الإسلام، ما لم تتغير طبيعة النظام السياسي في بلاد الإسلام، من مصادرة الرأي إلى الحرية في الرأي والمعارضة، ومن مصالح الأفراد والأسر إلى مصالح الأمة من حيث هي كل لا يتجزأ ومن حكم الحكام إلى حكم المؤسسات الدستورية.

تريد الباحثة أن تشير هنا إلى أن ما حدث في تونس وليبيا ومصر وغيرها من الدول العربية في الفترة الأخيرة، كلها لم تخرج من الإطار المذكور أعلاه. إن ما طلبه الشعب أخيرا، هو الحرية والعدالة، سواء أ كان هذا الطلب قد تحقق أم لا.

الفصل الثاني
الإطار النظري

ثالثاـ الفكر الاقتصادي

لقد استنبط الاقتصاديون الإسلاميون النظام الاقتصادي الإسلامي المعاصر من كتاب الله وسنة رسوله (صلى الله عليه وسلم) ومن معالجات الخلفاء الراشدين واجتهادات الفقهاء المجتهدين عبر العصور. وزادوا على ذلك ما استجد من قضايا الاقتصاديات المعاصرة والتي تتلاءم مع روح الإسلام. فالتوجه الإسلامي في بناء الاقتصاد هو الذي ينقذ الأمة من التخلخل الاقتصادي، ويقضي على التفاوت الظالم في الثروات، ويعيد التوازن إلى المجتمع الإسلامي، ويحدد وظيفة الدولة الاقتصادية من خلال ذلك التوازن. وتتمثل الأسباب في الآتي:

(١) لأن الاقتصاد الإسلامي اقتصاد مرن لا يعين معالجة واحدة في كل حالة زمانية أو مكانية، وإنما يقرر الأصول ويفتح حرية الحركة أمام الاقتصاديين لحل المشكلات الاقتصادية حسب الظروف المختلفة.

(٢) منع الاستغلال والاستلاب للقضاء على سوء توزيع الثروات والحيلولة دون قيام المجتمع الظالم.

(٣) التملك مشروع ولكنه محاط بسياج من القيود حتى لا يؤدي إلى التعسف في استعمال حق الملكية، ويشرع الإسلام مع الملكية الفردية الملكية العامة وملكية الدولة.

37

(٤) لا بد من وجود التكافل الاجتماعي في المجتمع الإسلامي، لأنه هو الذي ينتهي إلى التوازن.

(٥) تكافؤ الفرص أمام الجميع وعدم تعطيل الطاقات الإنسانية.

(٦) تغليب الاتجاه الجماعي في الاقتصاد الإسلامي لتغليب مصالح الأكثرية الكادحة.

(٧) حرمة الكنز وحبس الثروات وتوظيفها لأداء وظيفتها الاجتماعية.

(٨) الدولة لها الحق في التدخل في الحياة الاقتصادية، كلما رأت الضرورة في تحقيق مصالح العباد.

(٩) العمل هو المعيار الأساسي، وهو نابع من فكرة الاستخلاف، ويلتزم المجتمع بإيجاد عمل لكل قادر.

(١٠) المحافظة على رأس المال وإنماؤه وعدم إضاعته، ولذلك شرع الإسلام مبدأ الحجر على أموال السفهاء.

(١١) في ظل الاقتصاد الإسلامي تكفي الموارد، لأنه ليس اقتصاد ترف. كل تنظيم اقتصادي معاصر يزيد في الثروة ويحقق مقاصد الإسلام

الفصل الثاني
الإطار النظري

في إسعاد الناس، هو من الاقتصاد الإسلامي، من منطلق القاعدة الشرعية، حيثما كانت مصالح العباد، فثمة شرع الله.

(١٢) من الواجب أن يتعاون الجهد الإنساني في أجنحته كافة في تحقيق التنمية الاقتصادية الشاملة.

هذه هي بعض الملامح العامة لمذهبية الاقتصاد الإسلامي المتميز عن باقي الأنظمة الاقتصادية المعروفة اليوم تمام التميز، لا بد أن يؤدي عند تطبيقه إلى طريق جديد للتنمية في المجتمع الإنساني، طريق ليس آليا يبغي الربح وحده أو الكفاية الاقتصادية وحدها، إنما هو طريق إنتاج اقتصادي أخلاقي إنساني، يفي حاجة الإنسان وضروراته وشيئا من كمالياته، إن أمكن ذلك.1

يقول الاقتصادي الفرنسي جاك أوستروي: "إن طريق الإنماء الاقتصادي ليس مقصورا على المذهبين المعروفين، الرأسمالي والاشتراكي، بل هنالك مذهب اقتصادي ثالث راجح، هو المذهب الاقتصادي الإسلامي، ويقول: "إن هذا المذهب سيسود عالم المستقبل، لأنه أسلوب كامل للحياة"2.

فإذا انطلق المسلمون من مذهبية الاقتصاد الإسلامي التي تتفرع من مذهبية الإسلام العامة في الكون وخالقه والمجتمع والإنسان، فاستفادوا من

---

1. الإسلام والتنمية الاجتماعية.
2. النظام الاقتصادي الإسلامي – مبادؤه وأهدافه، لأحمد محمد العسال وفتحي عبد الكريم، ص13-14، ط2. مطبعة الاستقامة – القاهرة، 1977م.

إمكانية المسلمين الاقتصادية الضخمة المتنوعة، وكانوا أقوياء الأداء في جانب التشييد والمعادن والزراعة[1]. وقابلوا العولمة المركزية الأجنبية، بعالمية عربية وإسلامية وشرقية[2]، وتعاملوا مع الاقتصاد العالمي من خلال تبادل المنافع، وخططوا للتنمية تخطيطا ذاتيا جيدا، مستفيدين من خبرات وتنظيمات الحضارة الغربية وأقاموا سوقا إسلامية مشتركة، ونقلوا أرصدتهم الضخمة إلى العالم بعد إعادة الثقة إلى وحدة الأمة وإخوة أبنائها، فإنهم يستطيعون في هذه الحالة أن يقللوا كثيرا من أخطار العولمة عليهم، لأن العولمة كالذئب لا يأكل إلا من الغنم القاصية.

ومن هذا التنسيق، من السهل أن نستنتج أن الدول العربية ليس أمامها خيار آخر سوى إيجاد طريق التنمية المناسب لنفسها، أما بالنسبة إلى شعبها، فالمهمة الأولى عليهم لا تعني انتظار المساعدات سواء أكانت هذه المساعدات مادية أم روحية من الآخرين، بل لا بد أن يعتمدوا على أنفسهم.

رابعا- الفكر الاجتماعي الإسلامي

لا بد من التأكيد على النظام الاجتماعي الإسلامي في الأمور الآتية:

---

1. العولمة، مهيوب، ص66-67، المستقبل العربي، مرجع سابق.
2. ما العولمة، د. حسن حنفي، ص241، مرجع سابق.

(١) يقوم المجتمع الإسلامي على جهود الرجال والنساء، يكمل بعضهم بعضا.

(٢) ليست هنالك مفاضلة في أصول الخلقة ولا مفاضلة لجنس على آخر في أصل الخلقة، بل كل جانب يفضل الآخر فيما كلف به من واجبات شرعية.

(٣) أقر الإسلام في تشريعاته بإنسانية المرأة واستقلال شخصيتها وعدها أهلا للتدين والعبادة، وأقر حق المبايعة لها كالرجل ودعوتها إلى المشاركة في النشاط الاجتماعي المنضبط بضوابط الأخلاق، وقد سمح لها بالأعمال التي تتفق مع طبيعتها، وشرع لها نصيبها في الميراث وإشراكها في إدارة شؤون الأسرة وتربية الأولاد، وأوجب معاملتها بالمعروف واحترام آدميتها كما أنه ساوى بينها وبين الرجال في الولاية على المال والعقود، وأقر لها شخصيتها القضائية المستقلة[1].

ومن هنا فإنه لا بد أن نجتاز بالمرأة المسلمة عصور التخلف والجهالة وسوء التأويل لتشريعات الإسلام لحياة المرأة، والاعتراف الكامل بكونها نصف المجتمع، ولا بد من إعادة النظر في مشكلاتها الإجتماعية في ضوء

1. راجع «حقوق المرأة في الإسلام» لمحمد رشيد رضا، و«حقوق المرأة في الإسلام» للدكتور علي عبد لواحد وافي، و«المرأة بين الفقه والقانون» للدكتور مصطفى السباعي، و«الإسلام والمرأة المعاصرة» للأستاذ البهي الخولي، و«المرأة في القرآن» للأستاذ عباس محمود العقاد.

أحكام الشريعة الإسلامية العامة ومقاصدها الحكيمة وغاياتها في الحياة لتحديد مسؤوليتها الأسرية والاجتماعية والدعوة إلى ترك الاجتهادات الماضية التي تمثل عصورها وأعرافها، والتي قيدت المرأة في التربية والتعليم، والاشتراك في مضامير الحياة المتنوعة التي تتفق مع فطرتها وتكوينها ومصلحتها ومصلحة مجتمعها، دون الانحراف وراء مغريات الحياة الإباحية التي انتهت إليها الحضارة الغربية.

لا يخفى على الجميع أنه قد طرأت تغيرات هائلة على مكانة المرأة في الدول العربية في العصر الحديث تماشيا مع تطورات المجتمع حيث نجد عددا متزايدا من النساء وعى بأن العلم نور، وتسابق على الحصول على الوظائف المختلفة في مختلف الدوائر الحكومية أو المؤسسات والشركات الأجنبية، فهن يعملن مثل الرجال بجد واجتهاد حتى يحققن قيمهن الاجتماعية.

(٤) يقوم المجتمع الإسلامي على القاعدة الإيمانية التي تجمع بين المسلمين جميعا دون الالتفات إلى اختلافات اللغة أو اللون أو العرق.

(٥) أهل الأديان جميعا لهم ما للمسلمين وعليهم ما على المسلمين إلا فيما يخص القضايا التشريعية الخاصة بكل طرف.

(٦) البشر جميعهم كرامتهم مصانة في إطار المجتمع الإنساني. إن الكرامة لا تفرق النوع والجنس، كل قوم يراه أغلى شيء في نفوسهم.

الفصل الثاني
الإطار النظري

(٧) المجتمع الإسلامي يقوم على أساس نابع من قيم الإسلام والقيم العامة التي اجتمع عليها الإسلام.

(٨) لا بد أن تحقق العدالة المطلقة في المجتمع الإسلامي للجميع، ولا فرق في ذلك بين المسلمين وغير المسلمين.

(٩) الأسرة في المجتمع الإسلامي تقوم على القواعد الإسلامية في المحافظة على العفاف والفطرة والابتعاد عن الفوضى الجنسية، وخرق نظم الأخلاق التي يقرها الإسلام.

(١٠) تكافؤ الفرص أمام الجميع لإظهار القدرة والاستعداد لبناء المجتمع والحضارة.

خامسا- الفكر التربوي الإسلامي

أمام هجمة الفضائيات العولمية وتخطيطها العلمي والفني الذكي في عرض أفكارها بطرق متنوعة مؤثرة عبر الأنماط الفنية من المسلسلات والأفلام والتعليقات والتقارير التي تدخل يوميا مئات الملايين من أجهزة التلفزيون والإذاعة والإنترنت على وجه الأرض، لا يمكن الحفاظ على الذات والأصالة والخصوصية الدينية والفكرية إلا بتربية أبناء الأمة تربية مخططة تشعرهم بأنهم أبناء أمة التوحيد والإيمان وتنشئتهم نشأة

إسلامية، وتحصنهم فكريا وأخلاقيا وسياسيا واجتماعيا واقتصاديا، بحيث يعلمون بيقين كامل أنهم متميزون عما يشاهدون. وبذلك يستطيعون أن يكتشفوا الباطل من الأقوال والأفعال والسلوك. وإن لم نفعل ذلك ونتعاون عليه في العالم الإسلامي كله، فسنجابه فتنة كبيرة وفسادا عظيما وذوبانا تدريجيا مؤكدا في طغيان إعلام العولمة الرهيب.

ويكون ذلك بما يأتي:

(١) الاهتمام بتربية الأسرة المسلمة وتثقيف أفرادها وتوجيههم من خلال أجهزة الإعلام المرئية والمسموعة والمقروءة، ومن خلال المساجد وخطب الجمعة والدوريات التربوية القرآنية المستمرة أو المؤقتة والمواعظ والمحاضرات العلمية والتوجيهية.

(٢) ومن خلال المناهج الرصينة في التربية الدينية، وكتب اللغة العربية، وكتب التاريخ والجغرافية والثقافة العربية والوطنية العامة، وحتى الكتب العلمية الصرفة.

(٣) ومن خلال الكتب والمجلات والجرائد والدوريات الخاصة والعامة.

(٤) ومن خلال المخيمات الشبابية الصيفية في القطر الواحد أو الأقطار العربية أو الإسلامية.

الفصل الثاني
الإطار النظري

(٥) ومن خلال المهرجانات العامة والمؤتمرات التي يجب أن تقام بين حين وآخر في القطر الواحد أو الأقطار المتنوعة.

(٦) ومن خلال العروض المسرحية والأفلام في المسارح ودور العرض السينمائية. وعلى غير ذلك من الوسائل التي تشترك جميعا في تكوين أجيال تشعر بانتمائها الإسلامي وانتسابها الحضاري للأمة العربية والإسلامية[1].

(٧) ومن خلال وحدة المعرفة التي قامت عليها التربية الإسلامية التي تبغي صياغة الفرد صياغة إسلامية حضارية، وإعداد شخصيته إعدادا كاملا من حيث العقيدة والذوق والفكر والمادة، حتى تتكون الأمة الواحدة المتحضرة التي لا تبقى فيها ثغرة تتسلل منها الإغراءات العولمية اللادينية الجنسية الإباحية.

إننا نحتاج في بلاد الإسلام كلها إلى أن نقوم بحملة إسلامية شاملة عبر مخطط حضاري معاصر، تشترك فيها الدول والمؤسسات الرسمية والشعبية والجمعيات والأحزاب جميعا. لأن مواجهة العولمة من الخطورة بحيث يجب أن نتعامل معها من مواقع قوية تشهد على وحدة الأمة وغاياتها النبيلة في هذه الحالة لخيرها ولخير البشرية جميعا. ذلك لأن الإيمان يتحلى بقوة روحية لا تقدر.

---

1. اللعولمة والمستقبل، ص99، مرجع سابق.

45

سادسا- نحو وحدة الأمة

إن أوضاع البلاد الإسلامية المتأخرة في القرن الأخير شجعت المستعمرين على التقدم نحو احتلال بلاد الإسلام، ولم تفد المقاومة غير الموحدة وغير الحضارية في منع وقوع ذلك الاحتلال. فبذل هؤلاء الأعداء المحتلون جهودا ثقافية إعلامية تربوية كبيرة في سبيل نشر مبادئهم في الوسط الإسلامي. فآمن البعض بالمبادئ الرأسمالية الفردية، وآخرون آمنوا بالشيوعية، وجماعة ثالثة آمنت بالقومية ورابعة بالوطنية الديمقراطية وأخرى بالاشتراكية الثورية، وهكذا دون رجوع إلى محور إلهي ثابت يتحاكم إليه الجميع.

وتقبل الأفكار المفرقة للأمة في أسسها لم يأت فقط عن طريق الفرض الاستعماري فحسب، وإنما ظهر أيضا نتيجة للاحتكاك الحضاري، بين أمة متأخرة جامدة غير منتجة للفكر والعلم والمدنية، وبين أمم استعمارية غربية قوية دخلت في العصر الحضاري الجديد، فأبدعت في التنظيم وبناء الحياة المادية أيما إبداع. فحصلت من هنا الكارثة الكبرى في بلاد الإسلام، حيث قانون تقليد المغلوب للغالب قد عمل عمله، وسقطت أجيالنا المتلاحقة أمام الأفكار المغرية التي أتتهم من الغرب، دون أن تكون لهم بها قوة في الوعي والتمييز والتمحيص والاختيار.

وقد ظهر رد الفعل الإسلامي المسالم أو العنيف على هذه الأوضاع المزرية في التشرزم والفرقة والصراع والصدام. فدعا الإسلاميون إلى

الفصل الثاني
الإطار النظري

الرجوع إلى كتاب الله وسنة رسوله (صلى الله عليه وسلم). ومن هنا حدث صدام فكري ودموي بينهم وبين أصحاب تلك المبادئ اللادينية المناقضة لأسس الإسلام، والذين مكنتهم القوى الاستعمارية من حكم البلاد الإسلامية. واستمر الحال قرابة قرن كامل من الزمان، بحيث ألحق ذلك الصراع أضرارا فادحة بمجمل حركة التطور الإسلامي إلى الأمام، لأن القوميين العلمانيين والوطنيين اللادينيين، والوجوديين الملاحدة، والشيوعيين الماديين، لم يكونوا على استعداد أن يلتفتوا إلى الإسلام أي التفات، بل عدوا الإسلام ومن يؤمنون به وينادون بالاحتكام إليه أعداء حقيقيين لهم وللبلاد، فألصقوا بهم التهم الباطلة واتهموهم بإعاقة تقدم الأمة وأدخلوهم في محن طويلة من السجون والتشريد والقتل، وانفردوا هم بحكم البلاد وتدبير أمور السياسة قرابة قرن كامل من أخصب زمان الأمة.

وبدأ العقلاء شيئا فشيئا يتساءلون: يا ترى ماذا فعل الحكام اللادينيون الذين كانوا يحكمون بلاد الإسلام والذين كانوا ينتمون إلى القومية والوطنية والماركسية؟

هل قدموا المجتمع إلى الأمام؟ هل وحدوه؟ هل بنوا مجتمعا متماسكا؟ هل قادوا تنمية ناجحة؟ هل أسسوا فيها قضاء عادلا؟ هل بنوا فيها تعليما منسجما وتربية محصنة؟ هل حافظوا على كرامة الإنسان المسلم؟ هل كانوا يحكمون بشورى حقيقية؟ هل سخروا المنافقين من

الكتاب والأدباء والشعراء وأهل الصحافة لمصالح الجماهير المخدوعة أم لمصالحهم الطاغوتية؟ هل قضوا على الفقر؟ هل أوجدوا اقتصادا قنوعا في العالم الإسلامي أم ضيعوا ثروات الأمة في رغبات النفس الأمارة بالسوء، وبناء القصور وتزيينها والمحافظة على استمرارهم في الحكم والسلطان والطغيان؟

ألم يأن لهؤلاء أن يعترفوا أنهم مسخوا الأمة بالتقليد، وصنعوا لها الكوارث تلو الكوارث، وأوقعوها راكعة ذليلة أمام الطغيان الأمريكي والصهيونية العالمية.

ألم يأن لهم أن يلتفتوا إلى إسلامهم، فيحاسبوا أنفسهم ماذا جنوا بحقه؟ ويتساءلوا بينهم: هل فهموا حقائقه؟ ألا يجب عليهم أن يجربوه تجربة أصولية عصرية ليعلموا كيف تكون النتيجة؟

لو ربوا الأجيال على الإيمان والإخلاص والابتعاد عن الذنوب عامة وخاصة، ماذا سيحصدون؟

لو عادوا إلى استشارة الأمة استشارة ملزمة، ماذا ستكون العاقبة؟

لو طبقوا الأنظمة العامة في الشريعة الإسلامية الثابتة بالوحي الإلهي من أجل إحداث تنمية شاملة، ماذا ستنتهي إليه الأمة؟

لو رجعوا إلى نظام التربية والتعليم نصيب كل إنسان في أسماء الله الحسنى، كيف ستنمو القيم، ويتوحد الشعور ويبدع العقل المنتج وتنطلق الحركة المغيرة؟

ثم ألم يأن للإسلاميين أيضا أن يقوموا بمساءلة أنفسهم ماذا يجب أن يفعلوا مع أنفسهم؟ هل أفادهم خلط الوحي الإلهي بآراء رجال استنبطوا لعصرهم وفكروا من خلال واقعهم؟

ألا يجب عليهم أن يفصلوا الوحي الإلهي عن التاريخ الذي هو صنع آبائهم وأجدادهم بكل ما فيه من حلو ومر.

ألا يجب عليهم جميعا أن يدخلوا في العصر الحديث ليبنوا مستقبل الأمة، فيقللوا الحديث عن الماضي المفرق أحيانا.

هل من الإخلاص لله ولرسوله (صلى الله عليه وسلم) أن نرجع إلى واقعنا الجديد صراعات السلفية والصوفية والأشعرية والمعتزلة والحنبلية والجهمية، والسنة والشيعة، تلك الأفكار التي ذهبت مع صراعات عصرها، ولنا اليوم عشرات المعضلات الحضارية الحديثة التي تنتظر الجواب السديد.

هل يفيدنا في مواجهتنا الحضارية الحديثة لبناء أمتنا الحلول الجزئية المرحلية الماضية التي أكل عليها الدهر وشرب؟

ألا يجب على الإسلاميين حتى يقنعوا أهل الأفكار الغربية الممزقة بأحقية الحل الإسلامي، أن يعودوا إلى المنهج الشمولي في فهم الإسلام عقيدة وشريعة وسلوكا بأسلوب جديد ومنهج واع، يعتمد العلم والعقل لا غيرهما.

إن أمتنا تواجه اليوم العولمة الطاغية الباغية، وهي ساقطة متأخرة بينها وبين أهل الحضارة المسيطرة شأوا بعيدا.

فهل من المعقول أن نسمح بأن يستمر الانحدار، ويتمكن التأخر، وتزداد الهوة بيننا وبين العصر الحديث.

نحتاج في هذه المواجهة التاريخية الكبرى لتوحيد أمتنا وتقويتها، وبنائها على أصالتها وخصائصها الذاتية والإنسانية إلى محور ثابت أصيل متوازن، يعود الجميع إلى الاحتكام إليه وينسون صراعاتهم وخصوماتهم من أجل الانطلاق إلى بناء أمتنا المجيدة من جديد!

وهل سنجد هذا المحور الثابت الأصيل المتوازن في غير ديننا الخالد، الإسلام الحق الذي لا يأتيه الباطل من بين يديه ولا من خلفه؟

وهذا الإسلام يشكل المعادلة الأساسية الجوهرية في حياة الأمة، وأعداء الإسلام اليوم بوسائلهم الخبيثة كلها يريدون أن يضربوا هذا الأساس المتين، كي تضيع وحدة الأمة، فتستسلم إلى التبعية الذليلة وتتخلى عن العزة والوحدة والحقوق الأساسية[1].

إن تجربة قرن كامل في قيادة المجتمعات الإسلامية بمعزل عن النظام الإسلامي أثبتت للعلمانيين أنفسهم أنهم كانوا مخطئين في عزل الإسلام عن الحياة، فبدءوا يلتفتون شيئا فشيئا إلى دينهم الإسلامي بدرجات متفاوتة، ويدعون إلى عقد ندوات حوارية بينهم وبين الإسلاميين،

1. النظام العالمي الجديد، ص51.

وهذا في حد ذاته حالة صحية مطلوبة؛ لأن الأخطار التي تهدد الأمة من العولمة الصهيونية في بلاد الإسلام كلها لا سيما في فلسطين تستدعي اللقاء والحوار والتقارب، حتى يصل الجميع إلى صيغة تجمع الكل على القضايا الجوهرية الواحدة في مواجهة تلك الأخطار، وإلا فالعدو بالمرصاد، ويمكن أن يسد علينا نوافذ الضياء جميعا.

إن تعاون الجميع في إطار حكم شوري والاتفاق على قضايا مصيرية عليا سيعيد التوازن إلى كيان الأمة والأمل إلى الأجيال الجديدة، فيشعرون بلذة التعاون والوحدة، ويتحركون بمنتهى المسؤولية، وحينئذ يمكن أن يقود هذا إلى بداية قوية في أحداث تنمية حقيقية شاملة، تخرج الأمة من ظلمات القرون الأخيرة إلى نور الخطوط المخلصة من أجل القيام والنهوض والتقدم إلى الأمام.

في الحقيقة، إن معظم الدول العربية لا تزال في طريقة التجربة والبحث عن طرق الحكم المناسبة لمختلف الدول المميزة، ذلك لأن لكل دولة ظروف معينة. فتجد الباحثة أن دولة الإمارات العربية المتحدة مثلا لها نظام سياسي خاص ألا وهو نظام سياسي اتحادي، فهو قد صمد أمام التحديات بكل الأنواع والأشكال حتى يتطور بشكل مرضي.

وقد جمعت الباحثة بعد عرض المحتويات السابقة المراجع عن حالة الإسلام في الصين والنظام التربوي واللغوي فيها لكي نستفيد منها للموضوع التالي هو: كيف نستطيع أن ندخل اللغة العربية فيها وماذا

تستفيد الصين من ذلك وماذا سيعود علينا من هذه العلاقة اللغوية (منافع ومتبادلة).

المبحث الثالث وضع الإسلام في الصين

دخل الإسلام إلى الصين قبل أكثر من ١٣٠٠ سنة. ومنذ دخوله من الدول العربية البعيدة إلى الصين هذا البلد الشرقي ذو الحضارة القديمة، بدأ يتأقلم ويندمج في بيئة الحياة في الصين دون انقطاع مع الحفاظ على ميزاته الأساسية دائما في عملية التطور، مما شكل الإسلام ذا الخصائص الصينية. دخل الإسلام الى الصين أولا عبر طريق الحرير البحري. فقد وردت في الكتب التاريخية الصينية بأعداد كبيرة من الصفحات أحوال السكن والحياة للمسلمين القدماء في مدن الصين الساحلية، ففي مدينة تشيوانتشو(الزيتون) ومدينة قوانغتشو ومدينة يانغشو ومدينة هانغتشو، أقام عدد كبير من التجار المسلمين ورجال الدين المشهورين القادمين من غرب آسيا وآسيا الوسطى، وكانوا يزاولون التجارة مع الصين، وفي نفس الوقت، يبشرون بالإسلام، وأفضل دلالة على أعمال المسلمين في الصين حينذاك هو مساجد في مدن الصين الساحلية بنيت قبل

52

الفصل الثاني
الإطار النظري

أكثر من ألف سنة ومازالت محفوظة جيدا حتى اليوم. كانت الصين في عهد أسرة تانغ (٦١٨_٩٠٧ م) من الدول القديمة في العالم حينئذ، وكان عدد المسلمين القادمين إلى الصين للتجارة والتبشير كبيرا، وجاءوا إلى الصين للتجارة والتبادلات الثقافية عبر طريق الحرير البري. ولدخول الإسلام إلى الصين طريقان هامان هما الطريق البري والطريق البحري. وبعد ذلك، تلبية لطلبات إجراء التجارة، سافر التجار المسلمون الصينيون نحو الشمال بمحاذاة القناة الكبرى، قناة بكين——هانغتشو القديمة، الأمر الذي جعل مناطق ضفاف القناة تصبح مناطق هامة لانتشار الإسلام. تأخر انتشار الإسلام على نطاق واسع في مناطق شمال الصين الغربي، وقبل الفترة ما بين القرن العاشر والقرن الثامن عشر وبعدها تقريبا، أخذت تدين بعض القوميات في مناطق شمال الصين الغربي بالإسلام. تدين بالإسلام عشر قوميات صينية: قومية هوي والويغور والقازاق والطاجيك والقرغيز والتتار والأوزبيك ودونغشيان والسالار وباوآن. واليوم بلغ عدد المسلمين الصينيين نحو ٢٠ مليون نسمة. وبأسباب تاريخية، يتحلى سكن المسلمين الصينيين بميزة تتمثل في الانتشار على نطاق واسع والتجمع في بعض المناطق المعينة ويقطن المسلمون الصينيون مختلف مناطق الصين، وفي

كل مكان من الصين مسلمون يزاولون مختلف الأعمال ويقضون الحياة الدينية الطبيعية تحت حماية سياسة الحكومة إزاء الأديان والقوميات.1

وقد مر تطور الإسلام في الصين بست مراحل (٦١٨_١٩٤٩م) تانغ، سونغ، يوان، مينغ، تشينغ، جمهورية الصين. وقد حمل الإسلام أسماء مختلفة في المراحل التاريخية المختلفة: ففي أسرة تانغ(٦١٨_٩٠٧م) سمى "داشي"، وفي أسرة مينغ(١٣٦٨_١٦٤٤م) سمى دين "تيانفانغ"(أي الدين السماوي) أو دين "هوي‌هوي"، وفي أواخر أسرة مينغ وأسرة تشينغ(١٦١٦_١٩١١م) سمى "تشينغتشن"، وفي فترة جمهورية الصين (١٩١٢_١٩٤٩) سمى دين "هوي" وبعد تأسيس جمهورية الصين الشعبية بعام ١٩٤٩، أصدر مجلس الدولة بيانا بعنوان "إشعار حول اسم الإسلام" في عام ١٩٥٦ جاء فيه أن: "الإسلام دين عالمي، والإسلام اسم متداول في العالم" "ولهذا يوقف استخدام مصطلح دين هوي واستخدام دين الإسلام". فيما أصبح الناس يطلقون على دين هوي اسم الإسلام في بر الصين الرئيسي ولكن في هونغ كونغ وماكاو وتايوان لا يزال اسم دين هوي مستخدما. 2

---

1. تاريخ الإسلام في الصين، لي شينغهوا، دار النشر الاجتماعية الصينية، 1998.
2. المرجع السابق.

الفصل الثاني
الإطار النظري

في مختلف مناطق الصين مساجد قديمة، تاريخ بنائها طويل وتعد كنزا للبنايات الإسلامية. وتختلف بنايات المساجد في الصين عن مساجد الدول العربية بفضل تشكل الإسلام الصيني الخصائص، فقد اتخذ بناء المساجد أسلوب البناء الصيني الكلاسيكي، وبنيت المساجد في الصين بالطوب والخشب عموما. وفي نفس الوقت، احتفظ بناؤها بالميزات الإسلامية الفريدة والواضحة، وأبرز المصممون والمهندسون ميزات إسلامية قدر الإمكان في بناء وزخرفة المساجد احتراما لاعتقاد المسلمين وعادات حياتهم. وفي محراب القاعة وأسوارها (القرآن) بخط اليد وفي العوارض الجسرية والأعمدة الخط العربي الجميل لإبراز الزخرفة. ولا توجد أشكال أشخاص أو حيوانات في بنايات المساجد، وتم رسم الزهور الفنية في صالون المساجد وجدرانها، مما جعل المساجد تبدو وقورة وبسيطة إجراء التعليم الديني في داخل المساجد تقليد للمسلمين الصينيين يستمر مئات السنين. وفي كل مسجد حجرة درس يعلم فيها الأئمة الكتب الإسلامية. ويجري التبشير بكلام الله في المساجد رئيسيا. ولذلك، ليست المساجد في الصين أماكن للنشاطات الدينية للمسلمين فحسب، بل أماكن للتعليم الإسلامي أيضا.1

بعد دخول الإسلام إلى الصين، تشكلت الثقافة الإسلامية الصينية الخصائص الواضحة خلال عملية تطوره. وبالإضافة إلى الثقافة المسجدية المذكورة أعلاه، كان العلماء المسلمون في عهد أسرتى مينغ

1. المرجع السابق.

وتشينغ(قبل القرن السابع عشر وبعده) يؤلفون أو يترجمون الكتب الإسلامسة، وتحمل روائع أعمالها لقب "الكتب الدينية باللغة الصينية" التي لعبت دورا هاما في تصميم الثقافة الإسلامية مثل الطريق الهام إلى الحق وتوضيح الدين الحنيف والمعارف الإسلامية العامة وأحكام الإسلام وأركان الإسلام ودليل الإسلام بتأليف العالم ما تشو والعالم ليو جيه ليان وغيرهم، وفسروا سنة الإسلام وأصوله والقرآن بالأسلوب اللغوي والتقليد الثقافي لقومية هان، وقدموا مساهمة عظيمة لانتشار ثقافة الإسلام في الصين وتطور الصين سياسيا واقتصاديا وثقافيا واجتماعيا، ويؤثر الإسلام في حياة المجتمع الصيني تأثيرا هاما، وبخاصة في تطور مجتمع القوميات العشر الإسلامية وتقاليدها القومية.1

أولا- مقومات انتشار اللغة العربية في الصين في ظل العولمة

في عصر العولمة، وغياب القطب الآخر الذي يحدث التوازن بعد سقوط الاتحاد السوفيتي بداية التسعينيات من القرن الماضي، تتجه الأنظار للبحث عمن يمكن أن يكون المنافس لتلك القوة الضخمة المسيطرة على النظام العالمي. ويكاد يكون هناك شبه إجماع على أن الصين حتى الآن هي الدولة التي تملك المقومات التي تؤهلها لكي تتبوأ هذه المكانة، فمن الناحية البشرية يبلغ عدد سكان الصين مليارا وثلاثمائة مليون نسمة وهذا العدد

1. المرجع السابق.

يوازي أربعة أضعاف سكان الولايات المتحدة الأمريكية، ومن الناحية العسكرية، يعتبر الجيش الصيني أكبر جيش في العالم، إذ يبلغ تعداده مليونين ونصف المليون جندي، كما تحتل الصين المرتبة الثالثة في الإنفاق العسكري بعد الولايات المتحدة وروسيا وذلك حسب التقارير الأمريكية.

ومن الناحية الاقتصادية، يعتبر الاقتصاد الصيني أكبر اقتصاد حقق نموا في التاريخ المنظور خلال الخمسة والعشرين عاما الماضية حيث حقق بشكل سنوي نموا بلغ ٨٪ إلى ٩٪، واستطاعت الحكومة الصينية خلال هذه السنوات إخراج ثلاثمائة مليون صيني من دائرة الفقر، وأن تضاعف دخول الأفراد أربع مرات، كما أن الصين تحتفظ بثاني أكبر احتياطي عالمي من العملات الأجنبية وعلى رأسها الدولار الأمريكي، وأما من الناحية التجارية فقد أصبحت البضائع الصينية تشكل قلقا للدول الصناعية الكبرى بسبب أسعارها المنافسة.

في ظل هذه الاعتبارات الاستراتيجية، يحاول العرب رسم مستقبل أفضل لعلاقاتهم مع الصين. إذن: ما هي المصالح العربية التي يتوقع العرب أن تقوم الصين بدعمها وتساعدهم على تحقيقها على مختلف المستويات وفي مختلف المجالات؟ وما هي المصالح الصينية التي يعتقد العرب أنهم قادرون على التعاون مع الصين لتحقيقها على مختلف المستويات وفي مختلف المجالات؟

أ ـ المنافع العربية التي يتوقع العرب أن تدعمها الصين

لقد ألف العرب أن تكون الصين صديقهم كما ألفوا أن تكون علاقاتهم مع الصين ناعمة ليس فيها توتر على مختلف المستويات، وبرغم التحفظات الأيديولوجية التي كانت لبعض العرب على انتشار الأيديولوجية الشيوعية في الوطن العربي، فإن ذلك لم يحل دون تنامي هذه العلاقات على مختلف المستويات.

ففي ظل تراجع الصين عن استخدام السياسة الخارجية لنشر الفكر والأيديولوجية الشيوعية خلال العقود الثلاثة الماضية، حيث أصبح هم الصين الجديدة هو التنمية الاقتصادية من أي مصدر وبأية وسيلة وفقا لأي منهج اقتصادي سواء كان منهج كارل ماركس أو منهج ريكاردو أو منهج كينز، سواء جاءت المساعدات الاقتصادية من روسيا الشيوعية سابقا أو جاءت من اليابان أو جاءت هذه المساعدات من أمريكا. وعلى حد قول فيلسوف الصين وباني نهضتها الحديثة دنج شياوبنج "لا يهم لون القطة طالما تصطاد الفئران" فالهدف هو التنمية والسعى من أجل بناء قوة الصين والوسيلة لا تهم.

وفي ظل انتهاء الحرب الباردة منذ عام ١٩٩٠، قد نظر العرب بكل جدية لتقوم الصين بدور فاعل في دعم قضاياهم على المستوى الدولي، لكن الصين التي خرجت من الحرب الباردة لتواجه الانفتاح والعولمة كما هو حال العالم العربي حافظت على وتيرة هادئة في دعم القضايا العربية دون

الفصل الثاني
الإطار النظري

أن تتمسك بسياساتها السابقة القائمة على الموقف الساخن.

وأصبحت الصين تبدي اهتماما متزايدا بدعم اقتصادها وحل مشاكلها الإقليمية والانفتاح في المجالين الدبلوماسي والاقتصادي على الوطن العربي لخدمة سياستها الجديدة ودعمها في مواجهة التكتلات الاقتصادية العملاقة.

وإن واقع الحال إزاء المصالح العربية والصينية اقتضى ولا يزال أن يبحث الطرفان عن آليات ووسائل تحقق رفع مستوى التشابك والتعاون المصلحي بين الطرفين على مختلف المستويات وهو ما كان يقف خلف فكرة إنشاء المنتدى العربي الصيني.

أبرز المنافع العربية في السنوات العشر القادمة تتمثل في الآتي[1]:

تتعدد المنافع العربية التي يسعى العرب لتحقيقها خلال السنوات العشر القادمة على مختلف المستويات وفي مختلف المجالات، ولكن على صعيد توقع الدعم الصيني فإن أبرز هذه المصالح يتمثل فيما يلي:

(١) تشجيع التنمية الاقتصادية والاجتماعية بما يحقق استقرارا سياسيا ويعالج نسبة كبيرة من مشاكل الفقر والبطالة في معظم البلاد العربية.

---

1. ورقة عمل قدمت إلى منتدى التعاون العربي ـ الصيني "ندوة حوار العلاقات العربية الصينية"، بكين 12-13 كانون أول/ديسمبر 2005، تحت عنوان "اتجاهات ومحددات تطوير العلاقات الصينية-العربية 2005-2010." مدير مركز دراسات الشرق الأوسط-الأردن، وعضو منتدى الفكر العربي.

(٢) تطوير دور العرب في رسم مستقبل الشرق الأوسط وسياسات النظام الدولي لبناء نظام دولي يتمتع بالنزاهة والعدالة، وأن يتحقق للعرب مقعد دائم في مجلس الأمن الدولي.

(٣) دعم الموقف العربي والفلسطيني تجاه الأزمة في الشرق الأوسط.

(٤) تطوير التعاون العربي الصيني في مجالات الأمن في الخليج بما يحقق التوازن مع التواجد الأمريكي والأوربي، ويحقق الأمن لدول الخليج، ويحافظ على حماية مصادر الطاقة فيه لحماية الحضارة الإنسانية والتطور الصناعي الدولي، وبما يحقق النماء والاستقلال في دول الخليج.

(٥) الاستفادة من تطور القوة الاقتصادية الصينية ونفوذها السياسي في تحجيم اتجاهات الهيمنة في السياسة الأمريكية المعاصرة، خاصة في سياسات النظام الدولي تجاه الشرق الأوسط.

(٦) المساعدة في تطوير الصناعة والتكنولوجيا في الوطن العربي، بما يحقق اقتصادا صناعيا متناميا، ويطور استخدامات التكنولوجيا فيها، ويوطن الصناعات التكنولوجية.

(٧) الاستفادة من تجربة الصين في تحقيق معدلات مرتفعة للتنمية الاقتصادية ومعالجة مشكلتي الفقر والبطالة في الوطن العربي.

(٨) الاستفادة من القدرات والخبرات العسكرية الصينية في تطوير

القدرات العسكرية العربية التقليدية منها وغير التقليدية لدعم اتجاه التوازن الاستراتيجي للعرب مع إسرائيل وكذلك في مجال تكنولوجيا التصنيع العسكري.

(٩) تطوير التعاون العربي الصيني لبلورة موقف حضاري لسياسة حكيمة في التعامل مع ظاهرة الإرهاب الدولي تستند إلى شرعية المقاومة ضد الاحتلال العسكري بكافة الوسائل، ومحاربة أعمال الإرهاب المنظم ضد الأبرياء والمدنيين دون تمييز مهما كان مصدرها، ووضع استراتيجية مشتركة مع العرب لإقرار هذه التوجهات في الأمم المتحدة، حيث أصبحت قضية الإرهاب الدولي القضية المحورية على أجندة السياسة الدولية بعد أحداث ١١ سبتمبر ٢٠٠١، وقد اهتم العرب والصينيون بقضية مكافحة الإرهاب، لكن المعضلة تكمن في سعي بعض الدول للخلط بين الإرهاب والمقاومة المشروعة للاحتلال. لقد قاوم الصينيون الاحتلال الياباني لمنشوريا وأيدت مصر تلك المقاومة بمجرد دخولها عصبة الأمم سنة ١٩٣٧، وهو أمر يجعل الصين في مركز المتفهم لضرورة دعم المقاومة الفلسطينية للاحتلال الإسرائيلي، حيث تختلف المقاومة المشروعة للاحتلال عن الإرهاب الذي يستهدف الأبرياء دون تمييز، كما يمكن أن يتم التعاون على تحييد الإسلام من الاتهام، لأن ظاهرة الإرهاب ظاهرة عالمية يمارسها الناس من أتباع مختلف الديانات لاعتبارات إرهابية لا علاقة لها بالدين.

بـ ـ المنافع الصينية التي يمكن للجانب العربي أن يعمل على تحقيقها [1]

على مستوى التعاون والتبادل والدعم فإن العرب يمكن لهم أن يقدموا خدمة للصين في تحقيق العديد من مصالحها، من ذلك:

(١) التعاون الاقتصادي على صعيد فتح الأسواق العربية وتطبيق أنظمة الإعفاءات الجمركية المتبادلة مع الصين.

(٢) استفادة الصين من النفط والغاز العربي (الطاقة) دون المرور عبر معبر السياسة الأمريكية أو الغربية.

(٣) دعم الصين كقوة دولية اقتصاديا وسياسيا في منظومة النظام الدولي، خاصة في ظل النفوذ الهائل لتكتل الدول الصناعية الثمانية في التجارة والاقتصاد والسياسة الدولية التي ليست للصين فيها أي دور.

(٤) فتح المجال للتبادل والتلاقح الثقافي بين الصين والعرب وتحقيق الإسهام المشترك لمنع اندلاع ما يسمى بصراع الحضارات، ودفع العالم نحو توفير قواعد التنافس والتعاون والحوار الحضاري بعيد المدى كاستراتيجية إنسانية عامة.

---

1. الاجتماع الوزاري الأول للمنتدى العربي الصيني والذي عقد بمقر الجامعة العربية في سبتمبر 2004.

(٥) فك العزلة الثقافية للصين في النظام الدولي في ظل هيمنة الحضارتين الأمريكية والأوربية (الحضارة الغربية) على السياسات الثقافية والتعليمية والاجتماعية للنظام الدولي ومؤسساته المختلفة.

جـ ـ الإشكالات القائمة في العلاقات الصينية العربية

(١) تطور العلاقات الصينية الإسرائيلية على حساب العلاقات مع الدول العربية.

(٢) صعوبة اللغة الصينية مما يحول دون انتشارها في الأوساط العربية وبالعكس.

(٣) اعتماد الطرفين العربي والصيني على مصادر المعلومات والإعلام الغربي في تشكيل رؤيته ومعلوماته عن الآخر، وخصوصا الوسائل التي تسيطر عليها الولايات المتحدة وبريطانيا والذي يتسبب في: نقل الصور المشوهة، وحدوث سوء الفهم لدى كل طرف عن الآخر، مما يزيد الجهل ويعقد العلاقة.

إن علاقات الصين بالعالم العربي ودورها المستقبلي في العلاقات الدولية يستلزم وضوح الرؤية ضد محاولات التشويه والتشويش التي تقوم بها عناصر دولية معادية بهدف بث الفرقة والتشكيك والاختلافات في علاقات الطرفين.

(٤) إعطاء الانطباع الخاطئ للقيادات والمفكرين الصينيين عن

منطقة الشرق الأوسط ودفعها للابتعاد عن الخوض في سياساتها، حيث تعرف المنطقة وفق هذه المصادر كما يلي:

منطقة مضطربة وفيها توقع غير المتوقع؛ قضايا المنطقة معقدة جدا ولا يمكن حله؛ المنطقة مليئة بالمخاطر والجهل؛ تعتبر المنطقة منبع الإرهاب في العالم سواء الإرهاب الأصولي أو الراديكالي؛ لا تستطيع الصين التأثير في المنطقة وهي على هذه الحال.

(٥) ضعف الأثر الصيني في السياسات الدولية الخاصة بالشرق الأوسط، مما يحد من تأثيرها في الصراع العربي الإسرائيلي.

د ـ محددات السياسة الصينية المعاصرة تجاه الشرق الأوسط

(١) سياسات الولايات المتحدة تجاه منطقة الشرق الأوسط وفي النظام الدولي وآفاق مستقبلها ودورها في الشرق الأوسط، إضافة إلى تطور العلاقات الصينية الأمريكية وتزايد التبادل التجاري بينهما مما يحول دون تفاقم الأزمات بينهما، ويدفع الصين لتجنب أي صدام مع السياسة الأمريكية في الشرق الأوسط.

(٢) ارتباط العديد من الدول العربية سياسيا واقتصاديا مع الولايات المتحدة الأمريكية والاتحاد الأوربي.

(٣) تنامي العلاقات الصينية مع إسرائيل بدرجة تمنعها من انتقادها أو التصويت ضدها في الأمم المتحدة.

(٤) اعتماد السياسة الصينية الحالية على المصالح الاقتصادية والتي يلزمها الأمن والاستقرار إقليميا ودوليا حسب الكثير من الاستراتيجيين الصينيين، وتأثر المصالح الصينية بأي إجراءات أو سياسات تتسبب في عدم الاستقرار.

(٥) استمرار عملية السلام في الشرق الأوسط ومشاركة العرب فيها تحت الرعاية الأمريكية وما يشكله ذلك من إطار للاستقرار النسبي في المنطقة.

(٦) نظرة الصين الخاصة للشرق الأوسط والتي تقوم على:

أن سياستها تجاه الشرق الأوسط تخضع لسياستها العامة الداعية إلى بناء بيئة استقرار وسلام الدولية. خاصة أن عام ٢٠١١ بداية الخطة الخمسية الثانية عشرة لتنمية اقتصادها في الصين، فهي بدأت تسعى إلى تحقيق كل الأهداف المرجوة في هذه الخطة حتى ترفع مستوى معيشة الشعب مما يساهم في المحافظة على الاستقرار والازدهار سياسيا واقتصاديا وثقافيا.

أن مسألة الشرق الأوسط مسألة معقدة جدا، ولدى العرب وجهات نظر مختلفة تعتقد الصين أن للعرب دورا مهما، وهي تسعى لبناء تعاون اقتصادي معهم أكثر من ميلها لتعاون سياسي، حيث أن تطوير وتنمية الاقتصاد الصيني هي السبيل لإرغام العالم على الاستماع إليها.

تبنى الصين لرؤية خاصة لحل مشاكل الشرق الأوسط تقوم على

ما يلي:

اعتماد التعاون الإقليمي كأساس للسياسة الأمنية؛ عدم الرغبة في التورط عسكريا في منطقة الشرق الأوسط؛ قناعة الصين بأن التعاون الثنائي والمتعدد وبناء التنمية الاقتصادية سوف يحد من الأزمات في المنطقة ويعالج مشكلة الإرهاب؛ التزام الصين باعتماد القنوات الدبلوماسية في تطبيق سياساتها في الشرق الأوسط وتشجيع الصين لاتجاهات حوار الحضارات الثنائية والمتعددة.

و ـ مقترحات وبرامج لتطوير العلاقات بين الطرفين في القرن الحادي والعشرين[1]

نحو تجذير علاقات عربية صينية متماسكة على قاعدة التعاون الحضاري وتبادل المصالح والتحالف في النظام الدولي، يمكن تحقيق ذلك من خلال:

(١) توسيع التبادل الثقافي بين الصين والدول العربية من خلال وسائل متعددة منها:

تبادل المعلومات والوثائق والأفكار بين المؤسسات والأفراد المثقفين في الطرفين؛ تطوير التبادل الثقافي وتعلم اللغات لدى الطرفين؛ عقد الندوات المؤتمرات المشتركة بين المؤسسات المتشابهة؛ إيجاد قاعدة بيانية واسعة

1.
http://www.islamonline.net/Arabic/politics/2005/12/article16.shtml

الفصل الثاني
الإطار النظري

للباحثين والخبراء وبناء مجموعات العمل من المفكرين والباحثين والخبراء في مختلف المجالات

(٢) زيادة وتطوير التبادل الاقتصادي، وفتح مصانع صينية في الوطن العربي، ونقل صناعة التكنولوجيا إليه.

(٣) منح امتيازات للشركات الصينية للتنقيب عن النفط في بعض الدول العربية كما هو الحال في السودان.

(٤) إنشاء مناطق تجارة حرة بين الصين والدول العربية.

(٥) إعطاء مزيد من الحرية للمسلمين في الصين ليكونوا إضافة نوعية للمساهمة في تعزيز العلاقات بين الصين والعرب.

(٦) المساعدة في منح الدول العربية مقعدا في مجلس الأمن الدولي.

(٧) التعاون مع العرب لتصحيح الميزان الاستراتيجي في الشرق الأوسط.

(٨) تطوير دور الصين في التعامل مع القضية الفلسطينية والضغط على الجانب الإسرائيلي.

(٩) ضرورة الحد من التغلغل الإسرائيلي في العلاقات مع الصين على حساب الوطن العربي.

(١٠) زيادة التبادل الدبلوماسي والسياسي بين الصين والدول

العربية للحد من النفوذ والهيمنة الأمريكية عن طريق عقد مؤتمرات دورية على مختلف المستويات.

(١١) التعاون في القضايا الدولية ذات الاهتمام المشترك ومنها: حوار وتعاون الحضارات في مواجهة توجهات صدام الحضارات والعمل على تخفيف هيمنة الحضارة الغربية على العالم؛ تطبيق القانون الدولي بعدالة ودون تمييز، وإصلاح المنظمة الدولية، ووقف هيمنة الولايات المتحدة على السياسة الدولية؛ مواجهة استحقاقات تفشي ظاهرة الإرهاب وتمييزها عن المقاومة المشروعة ضد الاحتلال، والتوصل إلى وثيقة دولية تقوم على هذه القاعدة القانونية.

وعرف بخصوصية اللغة العربية في النسق الحضاري العربي الإسلامي من حيث علاقتها الوطيدة بالدين؛ القرآن؛ التاريخ؛ التراث الثقافي؛ التقاليد الاجتماعية والهوية. أبرز مظاهر العولمة اللغوية فهي: أن اللغة الإنجليزية أصبحت اللغة الثانية مع انتشار المدارس الأجنبية، كما أن اللغة الإنجليزية هي لغة المنتديات العالمية وسوق العمل.

وفي إطار المقارنة بين اللغة العربية والإنجليزية اليوم أشار برهومة أن مشكلة اللغة العربية ليست في ذاتها بل بأهلها، فالتحدي الأكبر للغة العربية ينبع من الداخل من النفسية العربية المهزومة ومدى إحساسها بهويتها واعتزازها بلغتها.

نظرا لأن اللغة العربية مهمة لهذا العدد من مقتضى الإسلام

وللأسباب التي ذكرناها في العلاقات العربية الصينية والمصالح التي تربط بين الشعبين العربي والصيني حتى يجعل منها لغة عالمية.

في حقيقة الأمر، إن تعليم أي لغة من اللغات الأجنبية هو جزء من نظام التعليم العام في سياسة التعليم في الدولة، إن الصين منذ تأسيسها، ظلت تهتم بتعليم اللغات من بداية الأمر، ولها تجارب قيمة في مجال التعليم، فيما يلي، تلقي الباحثة لمحة سريعة على نظام الصين التربوي واللغوي.

ثانيا- حالة الصين والنظام التربوي واللغوي

الصين، شأن غيرها من الثقافات القديمة، لها تاريخ طويل من الاهتمام الكبير بالتعليم. ويقول الصينيون دائما: "احترام المعلم وقدر التعليم" في إشارة إلى الأهمية المتساوية التي تولى لهذين الوجهين من التعليم. وينظر إلى المعلم على أنه تجسيد للمعرفة والخلق. هذا التقليد الإنساني المتعمق نشأ مع الفيلسوف الكبير كونفوشيوس(٥٥١- ٤٧٩ق.م)1.

1.
http://www.dzwww.com/ly/lyzt/23kzwhj/23kzwh/200609/t2006091
8_1764826.htm

عاش كونفوشيوس(كونغ تسي)(٥٥١-٤٧٩ق.م) خلال فترة الربيع والخريف في الصين(٧٧٠- ٤٧٦ق.م). كان أول شخصية فردية في الصين كسب تلاميذ أتباعا. رحل كونفوشيوس عبر دويلات الصين المتعددة لمدة ثلاثة عشر عاما بحثا عن فرصة لتطبيق أفكاره الاجتماعية، لكنه لم ير حكام ذلك الزمان ينفذون مثاليته. وتذهب الأسطورة إلى أن ثلاثة آلاف طالب تبعوا كونفوشيوس في رحلاته، وأصبح اثنان وسبعون منهم لاحقا حكماء. وقد توارث الفيلسوف منشيوس (٣٧٢- ٢٨٩ق.م) ووسع تعاليم كونفوشيوس. وعليه كانت الأجيال اللاحقة تشير إلى الكونفوشيوس على أنها "طريق كونفوشيوس ومنشيوس". بعد مرور ١٠٠ سنة على تأسيس كونفوشيوس مدرسته الخاصة، أسس الفيلسوف الإغريقي أفلاطون(٤٢٨- ٣٤٨ق.م)[1] أكاديميته في ضواحي أثينا لتظهر "الطائفة الأكاديمية" الشهيرة في الإغريق القديمة[2]. هاتان الحضارتان القديمتان الشرقية والغربية، بفضل اعترافهما وتقديرهما المبكرين للتعليم، كانتا قادرتين على إنجاز مستويات راقية نسبيا من التطور الثقافي في مراحل التاريخ الباكرة.

---

1. http://maaber.50megs.com/issue_april04/plato_1.htm
2. تمت ترجمة هذا النص من قاموس ناثان الفلسفي، تأليف جيرار دوروزوي وأندريه روسيل مراجع المادة.

ثالثاً- الامتحانات الإمبراطورية والتعليم الرسمي[1]

بعد فترة أسرة تشين – هان (٢٢١ق.م - ٢٢٠م)، شهد نظام اختيار المسؤولين في الصين تغيرات هائلة. وخلال فترة سوي– تانغ (٥٨١- ٩٠م) سمحت الحكومة الإمبراطورية لأفراد الطبقة المثقفة التقدم لشغل وظائف في البلاط. كان المتقدم يخضع للعديد من النظم والترتيبات الأكاديمية، من يجتازها يمنح وظيفة رسمية. هذه الطريقة في الاختبار والانتقاء المعروفة باسم "الامتحانات الإمبراطورية " لم توسع فقط مجموعة الأكفاء المتاحين لوظائف الحكومة، وإنما أيضا كانت نزيهة إلى حد ما. وعبر العصور، واصلت طرق الاختيار تحسنها ونظاميتها، مما أدى إلى إنشاء نظام الامتحانات الإمبراطورية الذي أصبح الوسيلة الأساسية التي يتم بها اختيار شاغلي الوظائف الحكومية الرسمية.

ولأن معتقدات الكونفوشية أصبحت معايير السلوك والأخلاق للمجتمع الصيني في ذلك الزمان، فإنها أصبحت طبيعيا تشكل الموضوع الرئيسي للامتحانات الإمبراطورية. وعليه ارتقت مكانة كونفوشيوس يعرف بأنه "الحكيم القديم الأكثر قداسة"، أو الحكيم وكان يعبد على أنه إله التعليم والأخلاق والامتحانات الإمبراطورية. وكانت كل ناحية

1. الثقافة الصينية، دار النشر باللغات الأجنبية، الطبعة الأولى 2004، نشر: دار النشر باللغت الأجنبية.

تقيم معبدا للحكيم وتقدم القرابين له، وكانت مكاتب الحكومة المعنية بالتعليم تقام في الغالب بجوار معابد كونفوشيوس.

كانت مدرسة قوهتسيجيان الإمبراطورية، مثل مدرسة تايشيوي الإمبراطورية لأسرة هان، أرقى مؤسسة تعليمية حكومية في ذلك الزمان. وما زالت مدرسة قوهتسيجيان الإمبراطورية ومعبد كونفوشيوس موجودين في بكين في حالة جيدة منذ فترة مينغ-تشينغ(١٣٦٨ـ ١٩١١). كان الإمبراطور في عيد ميلاد كونفوشيوس كل سنة يقود المعلمين والتلاميذ إلى معبد كونفوشيوس، حيث يقدم القرابين للحكيم. وتستمر المسيرة إلى مدرسة قوهتسيجيان الإمبراطورية، حيث يلقي هناك الإمبراطور بنفسه درسا، على المعلمين والطلاب المجتمعين، حول تعاليم كونفوشيوس ومنشيوس، ومن ثم يعبر عن احترامه للمعلمين وتقديره العالي للتعليم. خلال اسرة تانغ(٦١٨ـ ٩٠٨م)، جاء العديد من الطلاب الأجانب من كوريا واليابان وفيتنام إلى مدرسة قوهتسيجيان الإمبراطورية، وهذا ما طور التبادل الثقافي بين الصين وجيرانها.

رابعا- التعليم الشعبي

كانت فترة الربيع والخريف والدويلات المتحاربة(٧٧٠ـ ٢٢١ق.م) في الصين مرحلة ثوران وغليان اجتماعي وحروب واضطرابات متواصلة،

الفصـل الثاني
الإطار النظرى

وخلالها ظهر العديد من نظريات الإصلاح الاجتماعي مما أفرز فترة "المدارس المائة". أفكار بعض مفكري هذه الفترة لقيت ترحيبا متواضعا من أصحاب السلطة، غير أن تعاليمهم انتشرت بين العامة من خلال طرق مثل الدروس وتعليم بعض الموضوعات الخاصة التي ترتبط باحتياجاتهم اليومية كما هو حادث في التعليم الفني الآن مما زاد كثيرا من تأثير هذه الأفكار على المجتمع.

بعد أسرة هان، أضحت الكونفوشيوسية الأيديولوجية للدولة. المدارس الشعبية التي أكملت التعليم الرسمي لفكر كونفوشيوس في مدرسة تايشيوي الإمبراطورية، أنشأت في كافة أرجاء البلاد لنقل معتقدات كونفوشيوس إلى عامة الشعب. وقد هيأ إنشاء نظام الامتحانات الإمبراطورية والمشاركة فيها الوسيلة الرئيسية التي يمكن من خلالها لعامة الشعب المتعلمين الارتقاء بمكانتهم الاجتماعية، لذلك، كان عدد كبير من الناس في ذلك العصر يتسابقون على الاشتراك في هذا الامتحان.

قد شهدت أسرة سونغ (٩٦٠ _ ١٢٧٦م) ازدهار تعليم عامة الشعب في المدارس التي سميت الأكاديميات الشعبية. لم تكن الأكاديميات الشعبية في أسرة سونغ تكمل مدرسة تايشيوي الإمبراطورية فقط وتقدم تدريبات على الامتحانات الإمبراطورية، وإنما واصلت أيضا السنة الجليلة للمناظرات التي ظهرت في فترة "المدارس المائة" والتي أصبحت البوتقة للفلاسفة الجدد والأفكار الجديدة لإصلاح المجتمع. كانت

73

المدارس الشعبية توفر مكانا مركزيا مجمعا يمكن أن يلتقي فيه العلماء ويدرسون ويقبلون الطلاب. وكانت أكاديمية سونغيانغ، أكاديمية بايلودونغ، أكاديمية جوييانغ وأكاديمة يويلو معروفة باسم "الأكاديميات الأربع" في ذلك الزمان. تأسست أكاديمية بايلودونغ عام ٩٣٧ في لوشان بمقاطعة جيانغشي، واستمرت ألف سنة خلال الأسرات الخمس وأسرات سونغ، يوان، مينغ وتشينغ الإمبراطورية. خلال القرن الثاني عشر الميلادي، كان الفيلسوف تشو شي(١١٣٠ـ ١٢٠٠م) مسؤولا عن تجديد أكاديمية بايلودونغ. وقد صاغ بنفسه القانون التعليمي لأكاديمية بايلودونغ والذي يتكون من وصف ولوائح مفصلة للأغراض التربوية للأكاديمية وبرامج التدريب والمناهج الدراسية والطريقة التعليمية. ويعد القانون التعليمي لأكاديمية بايلودونغ أحد الفلسفات التربوية الأولى في العالم، إنها لم تقدم فقط نموذجا لإقامة معاهد للتعليم العالي في الصين للسنوات السبعمائة اللاحقة، وإنما أيضا كانت صورة هامة للأنظمة التعليمية الدراسية للمدارس المعاصرة.

خلال السنوات الأخيرة لأسرة تشينغ، نتج عن اقتحام الثقافة الغربية للصين إنشاء المدارس التبشيرية والمدارس الأخرى على نمط أشكال التعليم الغربية. وقد وصل هذا التوجه قمته عام ١٨٩٨ عندما أمر الإمبراطور قوانغ شيوي (على العرش ١٨٧٥ـ ١٩٠٨م) بإقامة جينغشي داشيويتانغ(جامعة العاصمة) وهي لاحقة مدرسة قوهتسيجيان

الإمبراطورية وسابقة جامعة بكين الحالية. ومنذ ذلك الوقت، دخل التعليم الصيني القديم الشعبي والرسمي فترة جديدة من التحول.

خامسا- التعليم الحديث

يقدم النظام التعليمي الحديث في الصين التعليم قبل المدرسة، التعليم الأساسي، التعليم العالي، التعليم الفني وتعليم الكبار، إضافة إلى نظام التعليم عن بعد الناشئ تدريجيا. يتكون التعليم الأساسي من تسع سنوات للتعليم الإلزامي(ست سنوات ابتدائي وثلاث سنوات إعدادي) إضافة إلى ثلاث سنوات للمرحلة الثانوية.

تشمل مناهج التدريس في التعليم الأساسي لمدة تسع سنوات، اللغة الصينية، الرياضيات، اللغة الأجنبية، الفكر والأخلاق، التاريخ، الجغرافيا، الفيزياء، الكيمياء، الأحياء، الدراسات الاجتماعية، التربية البدنية، الموسيقى، الفنون الجميلة، العلوم الطبيعية والحاسب الآلي. وتبنى مناهج السنوات الثلاث للمرحلة الثانوية على مناهج سنوات التعليم الإلزامي التسع. بعد إنهاء تعليمهم الأساسي يكون الطلاب مؤهلين للمشاركة في الامتحان الوطني للقبول بالجامعات، ومن يحصل على الدرجات المطلوبة تكون لديه فرصة مواصلة التعليم في مؤسسات التعليم العالي. وتقبل الكليات والجامعات كل عام عددا معينا من الطلاب الذين يحققون

إنجازات كبيرة في مختلف المجالات مثل الأدب، الفنون والرياضة خارج نظام الامتحان الوطني.

ويشهد نظام التعليم العالي في السنوات الأخيرة إصلاحات مستمرة حيث نوعت العديد من مؤسسات التعليم العالي مناهجها إلى مناهج مطلوبة ومنتقاة، وطبقت نظام ساعات الدراسة للمادة الدراسية. وأنشئ نظام البكالوريوس(الليسانس) الماجستير والدكتوراه وبرامج ما بعد الدكتوراه أيضا. في عام ١٩٩٥، دشنت الحكومة الصينية "مشروع ٢١١" الذي يهدف إلى تعزيز قوة عدد من الجامعات الهامة وتدريب جيل جديد من المتخصصين للقرن الحادي والعشرين. وقد أثمر التعليم العالي الصيني تطورات كبيرة في العلوم والتكنولوجيا. واقترب عدد من الجامعات، أو أنجز مستويات دولية متقدمة في العديد من فروع الدراسة ومجالات التكنولوجيا العالية. هذه الجامعات بما لديها من أساتذة كبار وبرامج دراسة جامعية عالية الجودة، تهيئ الشروط للدخول إلى صفوف كبريات الجامعات العالمية.

وفقا للإحصاءات غير الكاملة في ديسمبر ٢٠٠٢، بعثت الصين نحو ٤٥٨ ألف طالبا للدراسة بالخارج منذ عام ١٩٨٠، أنهى ١٣٥ ألفا منهم الدراسة وعادوا للصين. وجاء إلى الصين أكثر من ١٠٠ ألف طالب أجنبي للدراسة منذ عام ٢٠٠٠. وقد أتم عدد كبير من الجامعات الصينية

برامج التبادل مع جامعات أجنبية مشهورة من خلال القنوات الحكومية والخاصة، وتبادلت معها العلماء والأساتذة وأقامت مؤتمرات وندوات أكاديمية دولية في مجالات عديدة.

يشمل نظام التعليم الفني ونظام تعليم الكبار في الصين مدارس برعاية حكومية وأخرى خاصة والتي تقدم التعليم الأساسي والتعليم العالي. إضافة إلى نظام فصول الدراسة القديم، هناك عدد من طرق التدريس البديلة، منها "مدارس على الهواء" التي تقدم الدروس عبر الإذاعة والتلفزيون، الدراسة بالمراسلة، وفصول الإنترنت. من أجل تلبية متطلبات التنمية الاقتصادية والاجتماعية، يقدم التعليم الفني وتعليم الكبار تدريبا متقدما في العديد من التخصصات ويخرج متخصصين مؤهلين في جملة واسعة من المجالات، خاصة في السنوات الأخيرة، قد شهد التعلم عن الطرق الحديثة تطورا عظيما.

سادسا_ النظام اللغوي للغة الصينية: الكتابة واللغة

مقاطع الكتابة الصينية التي يعود تاريخها إلى أكثر من ثلاثة آلاف عام، تعد أحد أقدم أشكال الكتابة في العالم. عندما وحد تشين شي هوانغ(على العرش من ٢٤٦ ـ ٢٠٩ق.م) الصين عام ٢٢١ق.م، وأصبح أول إمبراطور لأسرة تشين وللصين، أسس نظاما موحدا للكتابة – المقاطع

الصينية. إضافة إلى مقاطع الكتابة الصينية، ما زال موجود بالصين إلى اليوم العديد من أنظمة الكتابة القديمة للأقليات القومية، بعضها طور على أساس المقاطع الصينية، ومنها مخطوطات لشعوب قوميتي تشيدان وشيشيا(قومية دانغشيانغ)، بينما أخرى تعتمد على أنظمة كتابة لدول أخرى ولمجموعات عرقية مثل الكتابة التبتية لقومية التبت والكتابة المنغولية لقومية المنغول.

الكلام بالصينية له لهجات ولكنها مختلفة، خاصة في بعض المناطق الجنوبية. ففي عام ١٩٥٥، وضعت الحكومة الصينية اللغة الصينية القياسية يطلق عليه بالماندرين أيضا، على أساس اللهجة الشمالية وباستخدام طريقة النطق البكينية، كلغة وطنية للصين. الصينية لغة حية وحيوية، فهي لم تستوعب فقط مفردات من المجموعات العرقية المختلفة بالصين، وإنما أخذت كثيرا من اللغات الأجنبية.

سابعا- مقاطع الكتابة الصينية

تكتب المقاطع الصينية في إطار مربع، ولهذا يقال لها أحيانا "الكتابة المربعة". وتشير الرموز المنقوشة على أوان فخارية قديمة اكتشفت في داونكوه بمقاطعة شاندونغ إلى أن المقاطع الصينية مأخوذة من البيكتوغراف، أي الكتابة التصويرية أو الرسوم الرمزية للأشياء. وعلى سبيل المثال، يعتقد بعض العلماء أن مقطع" ¤ "البيكتوغراف هو

الشكل الأول لمقطع "دان" الذي يعني الفجر. وأبكر شكل للمقطع الصيني "ري" أو الشمس هو دائرة في منتصفها نقطة سوداء تمثل الشمس. ومقطع الكتابة الحديث "وانغ"، أي الشبكة يشبه حبلا مجدولا. الكتابة التصويرية واستخدام الرموز للتعبير المباشر عن الأشياء هي الأسس التي انبثقت منها اللغة الصينية.

على مدى آلاف السنين، شهد كل من شكل ومعنى مقاطع الكتابة الصينية تغيرات عديدة، بيد أنه ونظرا للطريقة الفريدة التي تركب بها المقاطع الصينية، يمكن دائما الاستدلال على معانيها الأصلية من أشكالها الحديثة، وهذا لا يعطي فقط لمحة لأصول المقاطع الصينية وإنما أيضا إطلالة على تفكير وعادات الصينيين، بحيث يمكن القول إن مقاطع الكتابة الصينية تجسد استمرارية وتطور الحضارة الصينية.

الأنماط المختلفة للكتابة وفن الخط للصينيين يعطيان أيضا إطلالة على التنمية الاجتماعية البشرية. لقد كان الشكل الأول للمقطع الصيني هو جياقوون(خط الكهنة العظمى) المنقوش على صدف السلاحف وعظام الحيوان؛ تلي ذلك جين ون(الخط المعدني) وهي أشكال منقوشة وأحيانا محفورة على أوان برونزية؛ تشوان شو(خط الختم) المكتوب على شرائح الخيزران وعلى الخشب والحرير؛ ولي شو(الخط الرسمي) الذي كان يستخدم بشكل شائع خلال فترة أسرة هان. وشملت التطورات اللاحقة كاي شو(الخط المنتظم)، شينغ شو" اليد الراكضة "(خط شبه متصل) وتساو شو(أسلوب العشب) وهو خط متصل يكتب على الورق.

والكتابة الصينية لا تجسد فقط نشوء الجماليات والفنون الصينية، وإنما تطور القوة الإنتاجية والتقدم البشري أيضا. وتشمل الكتابة الصينية الحديثة شكلين، المقاطع البسيطة والتي استخدمت بعد تأسس جمهورية الصين الشعبية عام ١٩٤٩ لتطوير الأدب والمقاطع التقليدية القديمة التي ما زالت مستخدمة في تايوان وهونغ كونغ والعديد من مجتمعات الصينيين المغتربين. ولقد نقلت أنظمة الترميز للكمبيوتر الجديدة للمقاطع الصينية اللغة الصينية المكتوبة على عصر المعلومات.

كلما رأى الأجانب الخط الصيني، عبر عن إعجابهم البالغ قائلين:"والله، إنه ليس خطا أبدا، بل هو رسم مائة بالمائة" دلالة على أن الخط الصيني كتابة مميزة ذات هيكل فني جميل.

ثامنا- اللهاجات الصينية

الصين أرض شاسعة كثيرة السكان. على الرغم من أن نفس اللغة المكتوبة تستخدم في كافة أرجاء البلاد، اللغة الصينية المنطوقة تختلف كثيرا، فلكل منطقة لهجة وطريقة نطق مختلفة. ويوجد في الصين سبع مجموعات لغوية رئيسية هي: اللهجة الشمالية واللهاجات الست الجنوبية: وو، شيانغ(الهونانية)، قان (لهجة جيانغشى)، هاكا، الكانتونيز ومين(الفوجيانية)، وكل لهجة تعكس ثقافتها المحلية.

على سبيل المثال: في مكتب كلية اللغة العربية بجامعة الدراسات

الفصل الثاني
الإطار النظري

الدولية ببكين ثلاثة عشر أستاذا جاؤوا من مختلف المناطق من الصين، إذا كانت الأستاذة جاءت من الكانتونيز تتكلم مع أهلها تلفونيا، لا يفهم الآخرون ما تكالمه من موضوع الحديث نهانيا، حتى ولو يتكلم الأستاذان من الفوجيانية نفسها، لا يفهم بعضهما الآخر نظرا لمسافة القريتين بينهما قد لا يتجاوز على ألف متر، هذا ما حدث بالنسبة إلى اختلاف اللهجات في جنوب الصين، أما في الشمال، فيكون الوضع أسهل كثيرا، على الرغم من اختلاف إيقاع الكلام إلا أن الشماليين من السهل أن يتبادلوا الحديث بينهم بدون صعوبة.

اللهجة الشمالية التي أبرز معالم اللهجة تستخدم في بكين، هي الأوسع انتشارا بين مجموعات اللغة في الصين، فهي تغطي ثلاثة أرباع البلاد ويتكلم بها ٧٠٪ من أبناء هان، وهم الأغلبية. في عام ١٩٥٥، أنشأت الحكومة الصينية رسميا الماندرين الصينية على أساس اللهجة الشمالية لتكون الشكل القياسي(الفصحى) للصينية الحديثة. لغة الماندرين الفصحى والتي تسمى باللغة الصينية "بوتونغهوا" أي الكلام العادي تم تعريفها على أنها اللغة الشائعة الحديثة لأبناء الهان الصينيين باستخدام طريقة نطق بكين كمعيار لها وعلى أساس اللهجة الصينية الشمالية وبتوظيف قواعد اللغة الصينية العامية المكتوبة. ومنذ عام ١٩٥٦، قامت الحكومة بدراسات مكثفة للمفردات والنطق في لهجة بكين ووضعت اللمسات النهائية للنطق القياسي لبوتونغهوا "الكلام العادي". وفي عام

١٩٥٨، أعلنت الحكومة عن إنشاء "هانيو بينين" أى "نظام الألفباء الصوتية الصينية" وهو نظام للكتابة بالحروف اللاتينية للتعبير عن نطق لغة المادرين الصينية. وعبر عشرات السنين من التنقيح والزيادة والتطبيق، أصبحت لغة الماندرين الصينية وسيلة التواصل الأساسية بين الشعب الصيني.

المبحث الرابع الصراع الحضاري في عصر العولمة

أولا- مفهوم الحضارة

إن الحضارة تعني لغة: الإقامة في الحضر. والحضر خلاف البدو. وبهذا المعنى استعملها الفطامي الشاعر في قوله، مفتخرا ببداوة قومه، مستخفا بساكني القرى والمدن:

فمن تكن الحضارة أعجبته　　　فأى رجال بادية ترانا[1]

1. ابراهيم سلمان الكروي: المرجع في الحضارة العربية الإسلامية. وابن منظور، لسان العرب، دار إحياء التراث العربي، بيروت—لبنان، الطبعة الثانية، 1417هـ—1997م. جـ 3، ص 215.

وهي تطلق الآن "اصطلاحا" على كل ما ينشئه الإنسان في كل ما يتصل بمختلف جوانب نشاطه ونواحيه، عقلا وخلقا، مادة وروحا، دنيا ودينا[1].

إن مفهوم الحضارة يختلف باختلاف الطبقات والمعتقدات الفكرية، حتى الآن، من الصعب توحيده على حد سواء.

فيقول بعضهم: يقصد بالحضارة: "الإنجاز المتميز لأمة من الأمم في فترة زمنية من تاريخها في النواحي الفكرية: العلوم والفنون والآداب؛ والمادية: الصناعة والزراعة والعمران، كما تشمل التشريع والنظم السياسية والاجتماعية وعادات الأمة وتقاليدها"[2].

وأما الحضارة الإسلامية هي الحضارة التي نشأت بقيام الدولة الإسلامية بعد هجرة الرسول(صلى الله عليه وسلم) من مكة إلى المدينة. وقد نمت هذه الحضارة مع انتشار الإسلام من حدود الصين شرقا إلى الأندلس غربا، وبلغت قمة ازدهارها في القرنين الثالث والرابع الهجريين[3] وقيل: هي كل إنتاج روحي أو مادي ينتسب إلى الشعوب التي دخلت في الإسلام وتسربت إلى الحياة الإسلامية.

ومن خلال المفهوم الأخير هذا يمكننا تعريف الحضارة العربية

1. المرجع السابق.
2. عبد الله عقيل عنقاوي وآخرون: الحضارة الإسلامية، المقرر الرابع برنامج العلوم الإسلامية والأدبية وزارة العارف، التطوير التربوي، الإدارة العامة للمناهج، المملكة العربية السعودية. الطبعة الأولى 1407هـ\1987م، ص:3.(بتصرف يسير).
3. المرجع السابق، ص:3،(بتصرف قليل).

الإسلامية بأنها كل إنتاج روحي أو مادي ينتسب إلى الشعوب العربية والتي دخلت وتشربت الحياة الإسلامية[1].

ثانيا- الصراع الحضاري من منظور إسلامي

الصراع سنة ماضية، والصراع بين الحضارات إنما هو في جوهره صراع بين معتقدات لا بين طبقات ولا عرقيات. فأصحاب الطبقة الواحدة، والمنتمون إلى قومية واحدة بل قبيلة واحدة قد يقتل بعضهم بعضا إذا اختلفت معتقداتهم. على هذا تدل الآية الكريمة التي تشير إلى اعتداء أناس من قبيلة هي أشرف قبائل العرب على أناس آخرين من هذه القبيلة نفسها، لأنهم خالفوهم في معتقدهم وذلك كما جاء في قوله تعالى: {الذين أُخْرِجُوا من ديارهم بِغَيْرِ حقّ إلاّ أن يقولوا ربّنا الله ولولا دفع فضل الله النّاس بعضهم ببعض لهُدِّمَتْ صوامعُ وبِيعُ وصلواتٌ ومساجدُ يُذكر فيها اسم الله كثيرا وليَنصُرَنّ الله من يَنصُرَه إن الله لقويّ عزيز}[2]

وهذا هو الذي توصل إليه دارسو الحضارات من الغربيين، فإنهم يكادون أن يكونوا مجمعين على أن الحضارة وإن تكونت من عناصر كثيرة

1. محمد الجوهري (الدكتور): الثقافة العربية والحضارة الإسلامية، دار الأمين للنشر والتوزيع، الطبعة الأولى، 1418هـ-1998م، ص:60 نقلا عن محمد عبد القادر الخطيب، دراسات في تاريخ الحضارة الإسلامية، مطبعة الحسين الإسلامية،1411هـ-1991م.أنظر أيضا شكيت محمد عليان، الثقافة الإسلامية وتحديات العصر، دار الشواف، الطبعة الثانية،1516هـ-1996م،ص:16.
2. سورة الحج الآية:40.

الفصل الثاني

الإطار النظري

إلا أن أهم عنصر فيها هو العنصر الثقافي. وإن أهم عنصر في الثقافة هو الدين. ويلاحظون أن كبرى الحضارات إلى حد كبير مرتكزة على الأديان.

وما يشبه ذلك عند الباحثة ما قاله بعض الشعراء:

كل العداوة قد ترجى إزالتها   إلا عداوة من عاداك في الدين.1.

أ ـ أما موقف الإسلام في صراع الحضارات

فإن الحضارة العربية الإسلامية بقدرتها على التكيف على التعلم من الحضارات الأخرى. ولم تمارس في أية مرحلة من مراحلها دورا إلغائيا أو امتصاصيا للحضارات الأخرى. أما الحضارة الغربية فإنها تؤمن بفوقيتها وتحاول أن تفرض نفسها انطلاقا من هذه الفوقية على كل الحضارات الأخرى. وبالتالي فإن المشكلة الجوهرية لا تكمن في رفض الحضارات الضعيفة المتراجعة التكيف بقدر ما تكمن في إصدار الحضارة الغربية بفوقيتها وليس بتفوقها على الامتصاص والإلغاء.

يعترف لوريت أو كتافيوباز (الحائز على جائزة نوبل) إن فشل الفلسفة الغربية في القرن العشرين يعود إلى عجزها عن تقديم صيغة مركبة من تياراتها الفلسفية: الليبرالية والماركسية، بحيث تركت الحل الوحيد في الامتصاص أو الاستسلام. والآن بسقوط الماركسية حاولت

---

1. وأنظر: جعفر شيخ إدريس (الأستاذ الدكتور): العولمة وصراع الحضارة. مجلة البيان، العدد 170، مرجع 2 سابق، ص26.

85

الفلسفة الغربية أن تنهي التاريخ بانتصار الليبرالية مما يعني إلغاء كل القيم الأخلاقية والتنظيمية التي تزخر بها الحضارات الأخرى، وبخاصة الحضارة الإسلامية.[1]

ثالثا- الصراع الحضاري من منظور غربي

إن الأفكار التي يبشر بها النظام العالمي والمفهوم السلبي للعولمة الذي يتبناه هذا النظام العالمي الجديد ويدعو إليه بكل الوسائل يستند على كتابات أنبياء هذا النظام وعلى رأسهم المفكر الأمريكي ذو الأصل الياباني "فرانسيس فوكوياما" وكذلك صمويل هنتاغتون[2] وغيرهما[3]. يمكن القول إنهم استشهدوا بأمهات الكتب ويحللون الصراع الحضاري من زوايا مخلتفة حتى تركوا لنا منظرا عاما عن هذا العصر الذي نعيش فيه.

أ - عند فرانسيس فوكوياما

لقد زعم" فوكوياما " أن الحضارة الغربية بتحقيقها لمبادئ الحرية الاقتصادية قد وصلت إلى تحقيق الرفاهية المادية للبشر، وكذلك حققت لهم الحرية السياسية والمشاركة، وذلك بتحقيق مبادئ الليبرالية السياسية وضمان حقوق الإنسان والاعتراف بمكانته الأدبية وبطبيعة

1. وأنظر: جعفر شيخ إدريس (الأستاذ الدكتور): العولمة وصراع الحضارة. مجلة البيان، العدد 170، مرجع سابق، ص26.
2. العالمية، الخرطوم، السودان، العدد الثاني، يوليو 1999م، ربيع الثاني1420هـ، ص:193.
3. ترى الباحثة أن تكتفي بالإشارة إلى هذين الرجلين لدور تأثيرهما في المجتمع الغربي.

إنسانية وما تنطوى عليه تلك الطبيعة الإنسانية من حب العزة والكرامة أو ما يسميه "نيل" الاعتراف بالمكانة الثيموسية تعني الكرامة والعزة التي ينطوي عليها الوجدان الإنساني والتي قد تدفعه إلى الموت في ميدان المعركة دفاعا عنها. وهذا المفهوم بعينه نجده منعكسا عند "توماسي هوبر" في مفهوم الإنسان الأول الذي يعيش على حالة الطبيعة فيشن الحرب من أجل المصالح المادية، ولكن أيضا من أجل اعتراف الآخرين بموقفه الأدبي. ونجد فوكوياما يعتمد على آراء كل من "هيجل" و"الكسندر كوقيف" التي تتحدث عن المعركة الدامية أو "معركة الحياة أو الموت" التي قد يخوضها الإنسان ليس من أجل الكرامة أو نيل الاعتراف والتقدير. وفي المعركة الدامية يضحي الإنسان بحياته ويتحرر من أقوى نزعة بيولوجية عند الإنسان وهي نزعة حفظ الذات أو حب البقاء على قيد الحياة وعند "هيجل" إن الإنسان لا يكون حرا فعلا إذا لم يتحرر من قيود المادة والغزيرة، وأصبح حرا حرية مطلقة في اجتياز المعبر الذي يريده، حتي ولو ضحى في سبيل ذلك بحياته. ويقول "هيجل": ليست فقط التحرر من القيود الخارجية ولكنها أيضا التحرر الكامل من القيود البيولوجية الداخلية. إنها حرية المقاتل في معركة دامية من أجل انتزاع حق الاعتراف بالذات ونيل التقدير الكامل لها بحسبانها وعيا مستقبلا.1

وتتمثل فكرة " فوكوياما " في العولمة والحضارة الدعوة إلى التعبية

---

1. المرجع نفسه، ص: 194.

الحضارية والثقافية للغرب الليبرالية الديمقراطي، بل للدعوة إلى حتمية انصهار كافة الثقافات والحضارات في الحضارة الغربية المعاصرة على اعتبار أنها نهاية حركة التاريخ نحو النمو والتقدم.

ويعني ذلك أن إنسان المجتمعات الليبرالية الغربية هو إنسان في غاية التحضر والرقى وهو الذي سخر العلم الحديث وعلوم التقانة وإيجاد روح الرفاهية والكرامة "الثيموسية" التي كان الإنسان لا يحلم بها في تاريخ الطويل.

ومهما يكن من فلسفة "فوكوياما" وبصرف النظر عن مدى صوابها أو حكمتها والذي يهمنا هنا أكثر أنها تستخدم اليوم لتبشر بحاكمية وسيادة الرجل الأوروبي الذي حقق النظام الرأسمالي والنظام الديمقراطي وهنا برزت الدعوة إلى مركزية الفلسفة الغربية الديمقراطية وضرورة محاكتها وتبنيها عند كل الشعوب وهو ما يؤدي إلى تهميش الثقافات الأخرى اللاغربية، بل يدعو إلى محوها وإزالتها بالكلية، كما يدعو إلى الانخراط الثقافي والحضاري لكافة الشعوب في إطار المرجعية الغربية متمثلة في الليبرالية الديمقراطية الغربية.1

---

1. المرجع السابق، ص: 195-196. وقد قسم صمويل هنتاغتون حضارات إلى ثماني حضارات وسماها حضارات باقية حية: وهي: الصينية، اليابانية، الهندية، الإسلامية، الروسية، الأيشوذكسية، الغربية المعاصرة، الأمريكية اللاتينية، الحضارة الإفريقية. أنظر كتاب: في مواجهة العولمة للبروفيسور زكريا بشير إمام، مركز قاسم للمعلومات وخدمات المكتبات، الطبعة الأولى، 1420هـ-2000م، الخرطوم، السودان، ص:95. وأنظر كتاب صمويل هنتاغتون نفسه بعنوان/ صدام الحضاران وإعادة صنع النظام العالمي—ترجمة طلعت الشايب، تقديم صلاح قنصوة، القاهرة، 1998م.ص:26.

الفصل الثاني
الإطار النظري

بـ ـ صمويل هانتاغتون

يرى هنتاغتون في نظريته انقسام البشر إلى حضارات متصادمة متناحرة متقاتلة فيرى أن الحضارة الغربية حضارة متميزة وفريدة ولكنها ليست عالمية ذات جذور معينة في الحضارات اليونانية القديمة والرومانية اللاتينية، كما أنها حضارة قامت على لغات بعينها وأديان ولها تقاليدها وقيمها الخاصة بها. وأنها بذلك تعبر عن أسلوب حياة خالصة بالرجل الغربي، وأن الشعوب غير الغربية لا يمكن لها أن تتقمص روح الحضارة الغربية حتى ولو أرادت ذلك، وحتى ولو استهلكت البضائع الغربية وشاهدت الأفلام الأمريكية واستعمت للموسيقى الغربية.

وبالنسبة" لهنتاغتون" فالغرب غرب والشرق شرق، ولن يجتمع التوأمان. هذه النظرية الابعادية الاستقصائية هي التي جعلت " هنتاغتون" يصل إلى نظريته الخطيرة المتشائمة والتي تتنبأ بحتمية الصدام بين الحضارات في القرن الحادي والعشرين، وبما أن الحضارة الوحيدة التي يمكن أن تنافس الحضارة الغربية هي الحضارة الإسلامية العربية، فالدعوة واضحة إلى أن الصراع بين الغرب والإسلام أمر حتمي ولعل رسالة " هانتاغتون"العدوانية هي أن يتهيأ الغرب لحرب طويلة ضد العالم الإسلامي والعربي. إنه إذن الخطر الأقصى كما يسمونه، وأنه إذن غني وفقير، نبيل أو وضيع! هذا الخوف بل هذا الهلع غير المبرر هو ما يسمونه "system".

ونظرية "هانتاغتون" تذكر بآراء المتطرفين النصارى الذين يدعون إلى التطهير العرقي ضد المسلمين وهو ما يفعله الصرب بتأييد كثير من دول العالم: في البوسنة وكسوفو، فعندما يقول" هنتاغتون" إن روح الحضارة الغربية هي العرقية اليونانية والرومانية واللاتينية وهي أيضا النصرانية ولغات الهند والأوربية والدين النصراني، فإنه يتجاهل عامدا ملايين المسلمين الذين يعيشون في أوروبا وبعضهم كسكان البوسنة والهرسك من أعراق أوربية سلوفاكية، وبعضهم أوروبيون تحولوا إلى الإسلام بمحض إرادتهم واختيارهم الحر! ففي فرنسا وحدها يعيش حوالي نصف المليون مسلم من أصول فرنكارية أي فرنسية خالصة!

إن كتابات "هنتاغتون" ليست فكرية، ولا تمتلك مقومات الفكر الإبداعي بل كلها كتابات أيديولوجية تعبوية الغرض منها سياسي ذو هدف ماكر هو الدعوة إلى محاصرة العالم الإسلامي وضربه باعتبار أنه تهديد ماثل لحضارة الغرب وسياسته.1

رابعا- خصائص الحضارة العربية الإسلامية

إن مما لا يختلف فيه أن اللغة العربية هي وعاء للثقافة، وإذا كان الأمر كذلك فاللغة العربية هي وعاء للثقافة العربية الإسلامية. وعلى ذلك فلا بد من التعرف على خصائص الحضارة العربية الإسلامية التي

---

1. المرجع السابق.

90

تتميز بها على غيرها من الحضارات الأخرى قبل الخوض في الحديث عن نشر اللغة العربية في هذا العصر الحاضر وتلك الخصائص كثيرة ومن أهمها ما يلي:

أ- الوحدانية[1]

يؤكد الإسلام على وحدانية الله المطلقة التي لا شك فيها، فالله واحد لا شريك له، قال تعالى:{وإلهُكم إلهُ واحدُ لا إلهَ إلاّ هُو الرحمنُ الرحيمُ}[2].

لقد خلص الإسلام الإنسان من عبودية البشر إلى عبودية الله، فأنقذ الناس من الوثنية، فسمت أرواحهم عن الخرافات، وهَدَاهم إلى توحيد الله وتنزيهه ومحاربة الشرك والإيمان بالله وحده، وعبادته قال تعالى: {وما خلقتُ الجنَّ والإنسَ إلاّ ليعبودون}[3].

بـ - الشمول

إن الشمول من طبيعة الحضارة العربية، لم تقتصر على مدنية الإسلام وحدها بل تكونت منها، ومن مدنية العرب في الجاهلية ومن مقتبسات من حضارات الأمم في الشرق والغرب هذا المزيج في قالب خاص،

1. حكمت عبد الكريم فريحات (الدكتور) وآخر: مدخل إلى تاريخ الحضارة العربية الإسلامية، دار الشروق – عمان، الطبعة الأولى، 1989م، ص:149.
2. سورة البقرة الآية: 163.
3. سورة الذاريات: 56.

تمثلت فيه النزعة العلمية، والميل إلى التحري والاستقصاء، كما يتمثل فيه الابتكار والإبداع والتجديد، لا التقليد والجمود.

شملت هذه الحضارة العلوم والآداب والفنون والصناعات، وعلم الفلك والتشريعات التي تناولت جميع شؤون الحياة من نواحيها الدينية والسياسية والاجتماعية والاقتصادية والثقافية والقضائية والمهنية.

عنيت الحضارة الإسلامية بحياة الإنسان رعايته طفلا وشابا وكهلا وشيخا فانيا حتى يوسد أخيرا في حفرته باحترام. وقد وضعت القواعد لتربيته وتنشئته وتوجيهه نحو الخير ليكون عنصرا نافعا في الحياة. وعنيت بتثقيفه وتعليمه مكارم الأخلاق في الجامعة والمسجد والمدرسة والكتاب. وأشرفت على تأديبه، وعلى تصرفاته في المجتمع حتى في آداب المخاطبة والجلوس والشراب والملبس والمسكن[1].

جـ - التسامح

التسامح في حضارة الإسلام مبدأ أخلاقي سام، يتمثل في الآيات القرآنية الكثيرة التي تحث على العفو والصفح، وتبلغ في مجموعها أكثر من أربعين آية. فمنها:

{وان تعفوا أقرب للتّقوى ولا تنسوا الفضلَ بينكم} 2.

{وان تعفوا وتصفحوا وتغفروا فإنّ الله غفورٌ رحيمُ} 1.

---

1. حكمت عبد الكريم فريحات (الدكتور) وآخر، مدخل إلى تاريخ الحضارة العربية الإسلامية، مرجع سابق، ص:153.
2. سورة البقرة، الآية:237.

ويظهر التسامح في مواقفه الشرفة من مخالفيه، وفي تساهله معهم، فقد أبقى عليهم تحت حكمه، واحترامهم وقربهم في المناصب وعاملهم بالحسني في جميع البلاد التي خفقت فوقها راية الإسلام، كما يظهر التسامح بجلاء ووضوح حين لم يكره الإسلام أي فرد أو جماعة من اليهود أو النصارى أو الصابئة أو المجوس أو الوثنيين على اعتناق الدين الإسلامي في جميع العصور الإسلامية، وفي مختلف الدول التي نشأت في آسيا وإفريقية وأوروبية وحتى المشرك فقد انتصر له الإسلام وتكفل بحمايته، إذا استجار بالمسلم2.{وانْ أحدُ من المُشركينَ استجارك فأجِرْه حتّى يسمعَ كلامَ الله ثمّ ابْلغْه مأْمَنَه ذلك بأنّهم قومُ لا يعلمون} 3.

د - الأصالة

من أهم سمات الحضارة العربية الإسلامية هي الأصالة في مفهومها اللفظي وفي مدلولها الحضاري الواسع، فالحضارة الإسلامية في الأصل وهي المبتدأ في مناهلها التي نهلت منها، وينابيعها التي استقت منها، فهي قامت على الأفكار التي جاء بها القرآن الكريم والسنة النبوية الشريفة مع الاعتماد على ما كان عند العرب من مبادئ وآراء في مختلف مجالات العلم والمعرفة، ولكنها أصيلة بالمعنى الواسع للأصالة الذي يعني التجديد والانفتاح على ثقافات الأمم الأخرى، فنجدها أخذت من حضارة

1. سورة التغابن، الآية:14.
2. حكمت عبد الكريم وآخر، مرجع سابق، ص:153.
3. سورة التوبة، الآية:6.

الفرس والإغريق والروما وغيرها1.

هـ ـ التفاعل

إن الحضارة الإسلامية حضارة متفاعلة، فقد تفاعلت مع حضارات الأمم السابقة التي أخذت عنها، وتمثلت ما أخذته وصبغته عربية إسلامية خالصة، وقدمته للعالم على أرقى صوره وأشكاله، وما زال متفاعلة مع الحضارات العالمية الحاضرة، وما ينجم عن هذا التفاعل من تجدد في الأشكال الثقافية عامة، وأثبتت قدرتها على هذا التفاعل بتقبلها كل ما هو جديد عند غيرها واستيعابها وتمثله تمثلا كاملا، وهذا ما يضفي عليها صفة الاستمرارية والديمومة2.

ويجدر الإشارة إلى ما قاله الفيلوسوف الفرنسي روجي جارودي عن الإسلام وحضارته "الإسلام دين حضاري، نشر الحضارة والإيمان في صالح الإسلام أينما كان، إن الغرب استعمل العلم من أجل استغلال الإنسان، واختراع السلاح ليفتك بالشعوب وتطور التكنولوجيا كان للسيطرة على مقدرات الإنسان، أي أنه تطور في كل شيء بهدف تحطيم العالم، وقد فقد إنسانيته نهائيا، في حين أن الإسلام هو الآخر تطور في أحقاب طويلة من الزمن، وكان العلم والطب والقوة كلها بيد المسلمين، فماذا حدث؟ لا شيء إلا ما هو في صالح الإنسان وإنسانية الإنسان"3.

---

1. حكمت عبد الكريم وآخر، مرجع سابق، ص:155.
2. مرجع سابق، ص:156.
3. مجلة الجامعة الإسلامية بالمدينة المنورة، رجب ذو الحجة 1402هـ، السنة 14،ص:162.

الفصل الثالث

الوضع الراهن للغة العربية في الصين بين اللغات العالمية

الوضع الراهن للغة العربية في الصين بين اللغات العالمية

المبحث الأول خصائص اللغة العربية

من المعروف أن اللغة العربية من أقدم اللغات في العالم وأكثرها حيوية وأبلغها تعبيرا، وهي لغة للأمة العربية ولغة رسمية لـ٢٢ دولة من جامعة الدول العربية ولغة رسمية للأمم المتحدة ولجانها الرئيسية، إضافة إلى أنها لغة القرآن الكريم ومن ثم فهي لغة دينية لكافة المسلمين في العالم، وأن اللغة العربية وعاء الثقافة العربية الإسلامية، فتاريخيا كانت اللغة العربية من أهم لغات العلوم العالمية بعد نهوض الدولة العربية منذ القرن الثامن الميلادي حتى القرن السادس عشر عصر النهضة العلمية الأوربية، وقامت بدور مهم في الربط والتبادل بين الثقافتين الشرقية والغربية، فبانتشار الثقافة العربية الإسلامية في مشارق الأرض ومغاربها، قد وجدت اللغة العربية تربة خصبة لانتشارها على نطاق أوسع، وأثرت تأثيرا بليغا على درجات مختلفة في كثير من اللغات، وكان تعلم اللغة العربية واستخدامها يكاد أن سيود القارات الآسيوية والإفريقية والأوروبية1.

اللغة العربية هي إحدى اللغات التي تنتمي إلى اللغات السامية، والمقصود باللغات السامية هي اللغات التي تكلم بها نسل سام بن نوح.

1. دينغ جينغ: دراسات حول تعليم اللغة العربية في الصين –قديما وحديثا، التمهيد، ص:1.

استراتيجيات نشر اللغة العربية في الصين
في ظل العولمة وحوار الحضارات

والشكل التالي يبين علاقة اللغة العربية بهذه اللغات:[1]

جدول رقم ٣-١ العلاقة بين اللغات العربية واللغات السامية

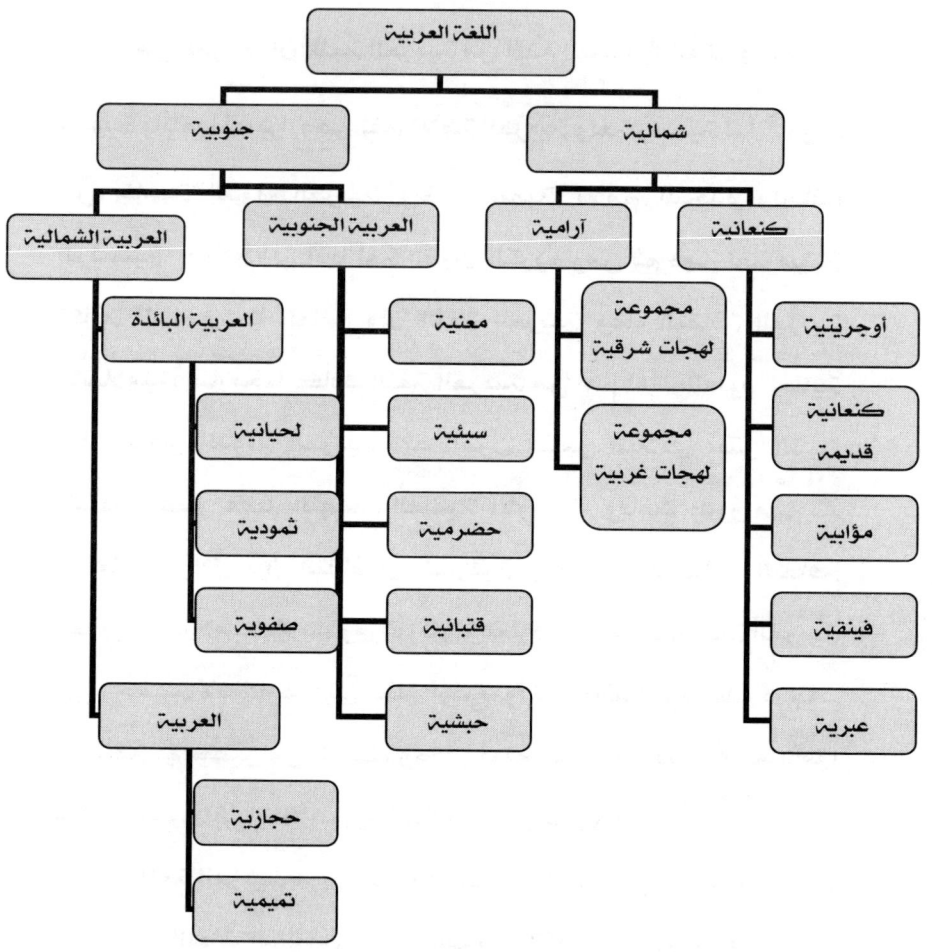

_____

1. توفيق محمد شاهين: علم اللغة العام، أم القرى للطباعة والنشر، الطبعة الأولى، 1400هـ –
1980م، ص: 67.

98

الفصل الثالث
الوضع الراهن للغة العربية في الصين بين اللغات العالمية

إن لكل لغة من اللغات الإنسانية خصائص تمتاز بها عن غيرها، وأما ما تمتاز به اللغة العربية عن غيرها، فهي خصائص كثيرة ومن أهمها:

أولا- إنها لغة متطورة ذات تاريخ عريق

إنها تكاد تكون من اللغات القلائل، إذا لم تكن وحدها متصلة الحلقات يتحدث بها الناس ويتفاهمون بها منذ الجاهلية إلى اليوم مما يكاد يبلغ الألفين من السنين، ولو عربيا بعث اليوم من خلف هذه القرون لتحدث إلى المعاصرين العرب فأفهمهم وفهموا عنه، وها نحن ولاء اليوم نقرأ شعر الشعراء العرب في الجاهلية، كما نقرأ شعر العصور الإسلامية والشعر العربي المعاصر. وهي ليست مثل كثير من اللغات التي جمدت أو تحطنت أو أصبحت لغة عبادة وكهنة كالسنسكريتية أو العبرية القديمة أو اللاتينية، ولا مثل تلك التي تولدت عنها لغات أخرى مثل اللاتينية التي تولدت عنها معظم اللغات الأوروبية الحديثة والإغريقية التي تولدت عنها اليونانية الحديثة، وتأثرت بها الروسية وغيرها من اللغات، والعبرية التي نجمت عنها العبرية المعاصرة1.

1. عون الشريف قاسم (البروفيسور) محاضرات في مادة دراسات متقدمة في اللغة العربية، (تاريخ اللغة العربية)، مرجع سابق، محى الدين صابر (الدكتور)، تصدير للكتاب الأساسي في تعليم اللغة العربية لغير الناطقين بها، المنظمة العربية للتربية والثقافة والعلوم، تونس 1403هـ—1980م، الجزء الأول، ص: أ.

ثانيا- إنها لغة روحية ورسمية للمسلمين

فإنها تتميز من بين اللغات إلى جانب أنها اللغة القومية والاجتماعية للعرب، فهي اللغة الروحية والرسمية للمسلمين، حيث أنها بمثابة همزة الوصل بين المسلمين جميعا. ولو سافر مسلم من أوربا إلى إحدى الدول الإفريقية مثلا ويسعى للاتصال بأخ مسلم في إفريقيا فهذه اللغة التي تجمعهم وهي لغة دينهم الحنيف.

ثالثا- إنها لغة غنية بالكلمات المستعلة[1]

ومما تتميز بها اللغة العربية عن غيرها تمتعها بثراء عز نظيره في معظم لغات العالم، وليس أدل على اتساعها من استقصاء أبنية الكلام وحصر تراكيب اللغة، وهو ما توصل إليه بعض العلماء[2]، فقد ذكروا أن عدد أبنية العربية المستعمل منه والمهمل على مراتبها الأربع من الثنائي والثلاثي والرباعي والخماسي من غير تكرار هو ١٢٣٠٥٤١٢ كلمة، في حين يرى بعض الباحثين أن المستعمل منها لا يزيد عن ثمانين ألف كلمة[3].

1. نايف معروف (الدكتور): خصائص العربية وطرائق تدريسها، شركة الفجر العربي، بيروت، لبنان— بدون تاريخ، ص: 38.
2. المرجع السابق.
3. المرجع السابق.

الفصل الثالث
الوضع الراهن للغة العربية في الصين بين اللغات العالمية

رابعا- المثنيات التي لا تفرد في اللغة العربية

ومن المزايا التي تنفرد بها هذه اللغة ما يدعونه: "المثنيات التي لا تفرد"، وهي قسمان: الأول تلقيني، والثاني تغليي. فالتلقيني هو ما إذا أفرد لم يفد المعنى الموضوع له في التثنية. فلا يصح إطلاقه على أحد المسلمين مثل: الثقلان (الإنس والجان)، والجديدان (الليل والنهار). قالت الخنساء:

إنّ الجديدين مع طُول اختلافهما　　　لا يفسُدان ولكن يفسُد الناس

أما التغليي فهو ما إذا أفرد صح إطلاقه على المتغلب من الاثنين ومن هذه المثنيات: الأبوان، القمران، المغربان، المشرقان[1].

خامسا- حروف اللغة العربية ثابتة

ما يميز اللغة أنها نظام بمعنى أنها مركبة من وحدات أصغر، هذه الوحدات يسمى الصوت فيركب الصوت مع الصوت بطريقة منظمة ودقيقة ليتكون من الصوتين أو أكثر ما يسمى بالكلمة، ثم تؤلف الكلمة مع الكلمة بشكل محكم غاية الأحكام ليتكون ما يسمى بالجملة وهكذا فاللغة نظام دقيق محكم لو أفشل هذا النظام لصار الكلام ضوضاء لا معنى له.

ومن هذه المزايا ما ذكرت أن من صفات الحروف العربية توزعها في

1. المرجع نفسه، ص: 46.

أوسـع مدرج صوتي عرفته اللغات، وبالإضافة إلى أن أبجديتها ليست أكثر عددا من الأبجديات في اللغات الهندية والجرمانية أو اللغات الطورانية أو اللغات السامية، فإن اللغة الروسية مثلا تبلغ ٣٥ حرفا. وعلاوة على ذلك فإن الخصائص الصوتية للحروف العربية تؤكد ثباتها. فبالرغم من التشويه والتحريف الذي طرأ على الحروف في اللهجات العامية، فإن الحروف ما زالت كما كانت منذ أربعة عشر قرنا.

وفي الغالب أن هناك صوت لكل حرف في اللغة العربية لا يتغير باختلاف موقعه من الكلمة، نرى أحرف الهجاء في كثير من اللغات لا تمثل جميع الأصوات في اللغة. فالإنجليزية مثلا تتألف من أربعين صوتا، ولكن حروف هجائها ستة وعشرون حرفا. فهي تعرف (الثاء) ولكن ليس هناك حرف واحد يرمز إلى هذا الصوت، بل يلجئون إلى استعمال (th).

وهذه بعض الخصائص التي تتميز بها اللغة العربية على غيرها من لغات العالم. والجدير بالذكر في هذا الصدد أن هناك بعض الخصائص التي تذكر كثيرا للغة العربية إلا أن الباحثة وجدت بعد تتبع كثير أن هذه الخصائص لا تتميز بها اللغة العربية وحدها، بل تشاركها بعض اللغات الأخرى مثل اللغة الصينية واللغة الروسية واللغة الفارسية، ومن أهمها "الترادف1" حيث توجد هذه الظاهرة في اللغة الإنجليزية بكثرة.

---

1. وأنظر محمد رجب فضل الله (الدكتور): الاتجاهات التربوية المعاصرة في تدريس اللغة العربية، عالم الكتب، الطبعة الأولى، 1419هـ-1998م،ص:19، ومحمود رشدي خاطر (الدكتور): وآخرون: تعليم اللغة العربية والتربية الدينية، دار الثقافة، القاهرة،2000م، ص:53.

ومنها ظاهرة الإعراب[1] التي تقال إنها مما تتميز بها اللغة العربية إلا أن هذه الظاهرة توجد كذلك في اللغة الروسية.

المبحث الثاني مكانة اللغة العربية بين اللغات العالمية[2]

للغة العربية مكانة عالية بين لغات العالم قديما وحديثا وتزداد أهميتها يوما بعد آخر تبعا لتزايد أهمية العرب في الوقت الحاضر.

ولقد تعالت صيحات يوما بعد آخر للاهتمام بنشر اللغة العربية في بلدان العالم غير الناطقين بها. وقد لاقت هذه الصيحات صدى في كثير من البلدان الأوروبية والأمريكية وبلدان العالم الإسلامي غير الناطقين بالعربية.

ولقد اهتم بعض علماء الغرب بهذه اللغة لأهميتها ومن أمثال

---

1. المراجع السابقة.
2. محمود إسماعيل صيني (الأستاذ الدكتور): محاضرة بعنوان: عالمية اللغة العربية بين الحقيقة والواقع، أقيمت بقاعة الكبرى – جامعة إفريقيا العالمية، يوم الثلاثاء الموافق 29\1\2002م. وأنظر أيضا محى الدين صابر (الدكتور)،تصدر للكتاب الأساسي لتعليم اللغة العربية للناطقين بغيرها، مرجع سابق، ص:أ وعبد الهادي محمد عمر تميم (البروفيسور): اللغة العربية في المجتمع النموذج السوداني، دار جامعة أو درمان،1997م.

103

استراتيجيات نشر اللغة العربية في الصين
في ظل العولمة وحوار الحضارات

هولاء: ملك سلقستار الثاني المتوفى عام ١٠٠٣م والملك فردريك الثاني إمبراطور ألمانيا الذي توفى عام ١٢٠٥م وكذلك الفونس العاشر إمبراطور ألمانيا المتوفى في عام ١٢٨٤[1].

وتدرس هذه اللغة عدة دول في العالم بصفة عامة وفي البلاد الإسلامية بصفة خاصة.

وعند النظر في بعض الدول مثلا، نجد أن اللغة العربية تدرس في كثير من مؤسسات تعليمية بمستويات كافة، بداية من المراحل الابتدائية حتى المراحل العليا. وعلى سبيل المثال هناك في الصين عشرات من المؤسسات التعليمية سواء حكومية منها أو أهلية تدرس فيها هذه اللغة مثل جامعة الدراسات الأجنبية ببكين وجامعة بكين وجامعة الدراسات الدولية ببكين وجامعة اللغات ببكين وغيرها[2].

ومما يبرز مكانة هذه اللغة أنها منذ عام ١٩٧٣م كانت إحدى لغات هيئة الأمم المتحدة بقرارها رقم ٢٨ واعترف بها مجلس الأمن الدولي، وهي كذلك إحدى اللغات المستعملة للعمل في منظمات قارية مثل منظمة الوحدة الإفريقية.

وقد ظل المسلمون يستعملون هذه اللغة منذ أكثر من ألف

1. توجد في دولة نيجيريا حاليا أكثر من ثلاثين جامعة حكومية.
2. وي تشي رونغ، البحث التكميلي لنيل درجة الماجستير، 2006، ص:11.

الفصل الثالث
الوضع الراهن للغة العربية في الصين بين اللغات العالمية

وأربعمائة عام، فكل مسلم في العالم بصرف النظر عن لغته الأم، يتعلم على الأقل بعض التعابير مثل "السلام عليكم" و"مع السلامة" و"بسم الله" و"أشهد أن لا إله إلاّ الله وأنّ محمّداً رسول الله" ويحفظ سورة الفاتحة وبعض قصار السور، وللاستزادة من دراسة التعاليم الإسلامية. وقد اقترضت كثير من لغات العالم بفضل الاحتكاك بين العرب وشعوب أخرى من اللغة العربية1.

في الصين مثلا، هناك بعض المناطق يجمتع فيه المسلمون الصينيون الذين يستخدمون اللغة الصينية المترجمة من اللغة العربية في الحياة الدينية، على سبيل المثال، عندما يؤدي مسلم صيني الصلوات الخمس خلال يوم واحد، فينطق اللغة الصينية بلفظة عربية أصلية يتفق عليها المسلمون الصينيون، إذ قالوا نفس المعاني من اللغة العربية مثلا: الإمام، الخطبة، الوعظ إلخ.

ومن أهمية هذه اللغة العربية هو أن هناك صحف ومجلات تصدر باللغة العربية خارج الوطن العربي مثل ما توجد في الولايات المتحدة الأمريكية وبريطانيا وفي الصين، وتوجد كثير من المحطات الإذاعية تبث فيها البرامج باللغة العربية مثل هيئة الإذاعة البريطانية ببسي وهيئة الإذاعة الفرنسية مونتكالو وإذاعة الصين الدولية وغيرها من الإذاعات التي تبث برامج باللغة العربية، أما من ناحية المجلات، فعلى علم الباحثة، أنه

1. عبد الهادي محمد عمر تميم (البروفيسور): اللغة العربية في المجتمع الأنموذج السوداني، مرجع سابق.

في الصين مجلة بعنوان "الصين اليوم"، وهي مجلة تم تحريرها في الصين، ثم تم طباعتها في القاهرة وتم نشرها في أنحاء بلاد الصين، يمكن للقراء أن يحجزوها عن طريق البريد، وهي مجلة يقبل عليها دارسي اللغة العربية في الجامعات والهيئات الإعلامية والتعليمية في الصين إقبالا كبيرا، ومنها أيضا مجلة ما تسمى بـ"بيت العرب" وهي عبارة عن نشرة شهرية تصدر عن بعثة جامعة الدول العربية لدى بكين، عادة ما تحتوي على كلمات الأمين العام وملف العلاقات الاقتصادية العربية الصينية ومنظمة عربية، تصدر باللغتين الصينية والعربية. يمكن لمن يدرس ويعمل في مجال اللغة العربية أن يجدها بسهولة ويستفيد منها حتى يعرف القضايا العربية في وقت حدوثها ويطلع على تطورات جديدة للعلاقات الصينية العربية.

من المعلوم أنه بالنسبة إلى من يرغب في دراسة أو إتقان لغة ما، تلعب البيئة اللغوية دورا فعالا لا يستغنى عنها للدارسين، إذا ليس لهم الفرصة للمسافرة إلى دول عربية لإكمال دراستهم، فأصبحت المراجع والكتب الأصلية التي تكتب باللغة المستهدفة طريقا مهما للدارسين لمعرفة أساليب التعبير السائد في دول تستخدم فيها اللغة العربية.

ففي الوقت الحالي، ترسل معظم الجامعات التي فيها كلية اللغة العربية مجموعة كبيرة من الطلاب الدارسين للغة العربية لكي يدرسوا في الجامعات في الدول العربية مثل جامعة الأزهر وجامعة القاهرة في مصر، ومعهد الخرطوم الدولي وجامعة الخرطوم في السودان وجامعة البيروت في لبنان وغيرها من الجامعات العربية حيث يدرس هؤلاء الطلاب

الفصل الثالث

الوضع الراهن للغة العربية في الصين بين اللغات العالمية

المعلومات المختلفة المتعلقة باللغة العربية، منها نحو اللغة العربية وصرفها والقرآن الكريم والثقافة الإسلامية. فقد بعثت كلية اللغة العربية بجامعة الدراسات الدولية ببكين مجموعات كثيرة من الطلاب للدراسة في جامعة قناة السويس بالاسماعيلية من مصر، وقد اجتهد هؤلاء الطلاب في دراسة اللغة والتفاعل مع أهل مصر كثيرا، بعد رجوعهم، لاحظ الأساتذة تقدمهم في اللغة العربية كثيرا.

وترى الباحثة في هذا المقام أن تشير إلى ما ذكر في أطلس اللغة الفرنسية المنشورة في ١٩٩٥ م بواسطة دار النشر الفرنسية (بورداس) أن اللغة العربية تعتبر واحدة من اللغات التي أسماها هذا الأطلس باللغات عابرة القارات، لأن انتشارها يتعدى القارة الواحدة، وإذ أنها تستعمل في أكثر من قارة (آسيا وإفريقيا) باستعمال جيد أو متواضع(ضعيف) حسب المقدرات اللغوية للشخص الذي يتحدثها المتحدث بها، وتشمل نسبة انتشارها في القارات ما يقارب ١٧٪ من سطح الكرة الأرضية بين ١٥_١٧٪ من المساحة الكلية للكرة الأرضية. وبينت الدراسة في هذا الأطلس أن الوضع الحقيقي لاستعمال اللغة العربية استعمالا جيدا أو متواضعا يجعلها تحتل المرتبة الخامسة بعد الإنجليزية والأسبانية في انتشارها داخل القارات١.

---

1. يونس الأمين (الدكتور): محاضرات في مادة المدخل إلى علم اللغة الحديث، قدمت لطلاب الدبلوم العالي بمعهد الخرطوم الدولي للغة العربية، في العام الدراسي2000م.

أولا- ويمكن ملاحظة تلك المرتبة في الجدول والأرقام الموضحة في الصفحة التالية

جدول رقم ٣-٢ [1] المرتبة الخامسة التي تحتلها اللغة العربية من اللغات عابرة القارات

اسم اللغة	المجموع	المئوية
اللغة الإنجليزية	١٠٠٠٠٠٠٠٠٠	٪١٧
اللغة الصينية	١٣٠٠٠٠٠٠٠٠	٪٢٢
اللغة الهندية	٥٠٠٠٠٠٠٠٠	٪٨
اللغة الإسبانية	٤٦٠٠٠٠٠٠٠	٪٧
اللغة العربية	٣٠٠٠٠٠٠٠٠	٪٥
اللغة البقراديشية	٢٦٠٠٠٠٠٠٠	٪٤
اللغة البرتغالية	٢٠٠٠٠٠٠٠٠	٪٣
اللغة الاندونيسية	١٧٠٠٠٠٠٠٠	٪٢
اللغة الفرنسية	١٣٠٠٠٠٠٠٠	٪٢
اللغة الألمانية	١٢٠٠٠٠٠٠٠	٪٢
لغات أخرى	١٦٨٠٠٠٠٠٠	٪٢٨

1. http: //www.alilon.com/2h/page/stats_geo/

ثانيا ـ ملحوظة

إن سكان العالم العربي ألفين حسب مصادر قناة الجزيرة يقدرون من ٣٠٠ إلى ٣٠٥ مليون نسمة، وهذا يعني أن نسبتهم ترتفع إلى أكثر من ٥٪ في الأطلس الفرنسي.

والشكل الآتي يبين المساحة التي تحتلها اللغات عابرة القارات داخل الكرة الأرضية:

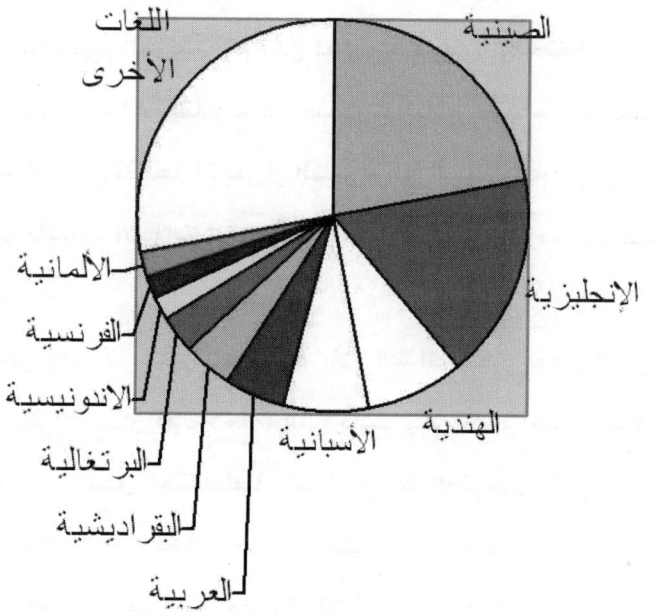

ورسم بياني رقم ٣ ـ ١ المساحة التي تحتلها اللغات عابرة القارات داخل الكرة الأرضية

المبحث الثالث التأثر والتأثير بين اللغة العربية وبين العولمة

أولا ـ تأثير العولمة في اللغة العربية

إن كل لغة تتعرض للاحتكاك باللغات الأخرى، هي لغة مرشحة للتحدي، ذلك لأن الاحتكاك الحضاري يستتبع احتكاكا لغويا في الغالب بين اللغة الأصيلة واللغة الوافدة. عندما كان العرب يعيشون منعزلين نسبيا في جزيرتهم العربية، لم تكن لغتهم تتعرض للاحتكاك بالدرجة التي تؤثر فيها تأثيرا عميقا، ولذلك اقتصرت التأثيرات الأجنبية فيها على بعض الألفاظ التي أفادها التجار أو الشعراء من البلدان المجاورة والمتعلقة في الغالب بأسماء الأدوات أو النبتات التي لم يكن للعرب بها عهد في جزيرتهم.

ولكن بعد أن انتشر العرب في بلاد الله الواسعة، بفعل الفتوحات، واستقروا في الأمصار الإسلامية التي دانت بالإسلام، أخذت التحديات تواجه العربية بفعل احتكاكها بلغات البلاد المفتوحة، ومع أن اللغة العربية في ذلك الوقت كانت هي التي تكسب الجولات المختلفة، فتنتصر على تلك اللغات في بلدانهم، وتحول أبنائهم إلى الثقافة العربية، كما حدث في فارس ومصر على سبيل المثال، إلا أن تأثير هذه اللغات الأجنبية عليها كان واضحا بالدرجة التي جعلت المخلصين من علمائنا القدماء

110

الفصل الثالث

الوضع الراهن للغة العربية في الصـــبين اللغات العالمية

يبادرون إلى جمع اللغة من أفواه العرب الأصلاء، ويضعون القواعد النحوية من أجل تفادي اللحن[1].

وفي يومنا هذا نجد أن هناك تأثيرات عديدة تؤثر في اللغة العربية، ولعل من أبرزها – على حسب علم الباحثة– تكاثر العمال الأجانب في الخليج العربي، وتشبه العرب بهم مما يسبب أزمنة لغوية، فأصبح المواطن غريبا في كثير من المؤسسات والشركات وأماكن النفع العام مثل المستشفيات والفنادق ووكالات السفر وبعض المطاعم، وأصبح من الواجب على المواطن كي يحصل على مطلوبه من الخدمة أن يتعلم لغة أجنبية، وهو وضع شاذ لا تكاد تجد له مثيلا في البلاد المتقدمة. إذ أن المسؤولية اللغوية تقع على عاتق العامل الأجنبي فهو الذي يطلب منه عادة إجادة لغة البلاد التي ينوي العمل فيها وليس العكس[2].

ومن هذه التأثيرات التي يمكن أن تعد من التحديات للغة العربية صيحات بعض المواطنين في البلاد العربية بضرورة تعليم اللغة الأجنبية للأطفال منذ نعومة أظافرهم أو تعليمهم المواد العلمية باللغة الأجنبية بإدعاء أن إتقان اللغة الأجنبية إنما يتم في هذه السن المبكرة، وأن الطالب

---

1. أنظر في هذا الموضوع: أحمد بن محمد الضبيب (الدكتور): اللغة العربية في عصر العولمة، مرجع سابق، ص:14-30. وشحادة الخوري: واقع اللغة العربية عربيا ودوليا، مجلة التعريب، المركز العربي للتعريب والترجمة والتأليف والنشر، دمشق، المنظمة العربية للتربية والثقافة والعلوم. السنة الحادية عشر، العدد الحادي والعشرون، ربيع الأول 1422هـ – يونيو 2001م، ص:33-35. وأنظر أيضا: حلام الجيلاني: اللسان العربي وتحديات العولمة، مجلة المعرفة، وزارة ثقافة الجمهورية السورية، العدد451، نيسان2001م، ص:72.
2. المرجع نفسه، ص:21.

111

يتعرف على المواد العلمية منذ الصغر لتسهيل دراستها في المراحل المتقدمة.

إلا أن الدراسات العلمية الميدانية التي أجريت في هذا المجال تفيد بأن استعمال اللغة الأم وبخاصة في المراحل الأولى من التعليم أولى من استعمال اللغة الأجنبية[1].

وبعد ما تقدم، ترى الباحثة عرض قضية استخدام بعض العرب المفردات الأجنبية في حديثهم في هذا اليوم، وهل هذا مما يشكل خطرا على مستقبل اللغة العربية الفصحى؟

والجواب على هذا أننا نجد هناك بعض العلماء المعاصرين الذين يخافون على مستقبل اللغة العربية لوجود كثرة المفردات الأجنبية الجديدة في لسان بعض العرب، واستخدامها في حديثهم اليوم، ويعدون هذا من الإعجاب بكل ما هو غربي وتفصيله على ما لديهم، وإلا كيف يستخدم عربي ألفاظا لا تدعو إليها الضرورة، وبعضها له أكثر من مرادف بالعربية مثل كلمة "قود" التي لها أكثر من مرادف منها: حسن، طيب، كويس ومثل "تلفون" التي لها من العربية اسم بهاتف وكلمة "موبيل" وهي تعني "الهاتف"، "الجوال"، ولها في العربية أربعة أسماء عربية في الأصل متوافرة على امتداد الوطن العربي هي: الجوال والنقال والمحمول والخلوى وما أشبه هذه الألفاظ الأجنبية المنتشرة استعمالها في

---

1. المرجع السابق، ص:27-28.

112

الفصل الثالث
الوضع الراهن للغة العربية في الصين بين اللغات العالمية

البلاد العربية[1].

غير أن بعض العلماء يعتبر هذا من باب اقتراض لغة من لغة أخرى كما حدث لكثير من لغات العالم التي استعارت وما زالت تستعير من اللغة العربية.

ويبين بعضهم أنه أتيحت للغة العربية في أثناء الحروب الصلبية فرص للاحتكاك باللغات الأوربية الحديثة، فانتقل منها وإليها من اللغات الأوروبية على أثر ذلك بعض المفردات من اللغة العربية وإلى هذه اللغات وأن في العصور الحاضرة كثرت فرص هذا الاحتكاك وتنوعت أسبابه تبعا لتوثيق الروابط الاقتصادية والسياسية والثقافية بين شعوب أوربا والأمم الناطقة بالعربية، وتبادلت البعثات العلمية، وكثر عدد الجاليات الأوروبية في الشرق وترجمت منتجات أوربا إلى اللغة العربية، ومثل هذا النوع من الكلمات تطلق عليه كلمات الحضارة. فكلما يحقق أي تقدم في الصناعة الإنسانية ترجم عن نفسه باستعمال آلات وإجراءات جديدة يقابلها خلق كلمات جديدة[2].

عندما كانت الباحثة تكمل دراستها في القاهرة، كانت تتعامل مع الشباب المصريين كثيرا حيث لاحظت أن هناك مجموعة من الشباب

---

1. أنظر هذا الرأي في كتاب: اللغة العربية في عصر العولمة للدكتور أحمد الضبيب، المرجع السابق، ص:17.
2. أنظر هذا الرأي في: المصطلح العربي الأصل والمجال الدلالي، لصبري ابراهيم السيد، دار المعرفة العلمية، 1996م، الجزء الأول، ص:6-8، وأنظر: فقه اللغة لعلي عبد الواحد وافي، مرجع سابق، ص:283.

يفضلون دائما أن يتحدثوا باللغة المتفق عليها هذه المجموعة الصغيرة دون فهمها للآخرين، فيسمونه بلغة مشتركة بينهم، في الواقع، إن اللغة التي يستخدمها هؤلاء الشباب عبارة عن الكلمات والمفردات المستعارة من الكلمات الأجنبية أو بعد اختلاطها مع اللغة العربية الدارجة.

وترى الباحثة في هذا الصدد – مع علمها القاصر – أنه لو انحصر استخدام هذه المفردات والكلمات الأجنبية دون غيرها فلا بأس في ذلك للأسباب الآتية:

أ – إن هذه الظاهرة – اقتراض لغة من لغة أخرى – لا تنحصر على اللغة العربية فحسب، بل هناك لغات كثيرة أخذت من الألفاظ والكلمات العربية.

ب – إن هناك كلمات دخيلة في اللغة العربية في العصور الأولى للإسلام واستحسنها الشرع واستخدمت في القرآن الكريم.

جـ – إن هناك التأثر في المفردات والألفاظ فقط، وليس في النظم التعبيرية، لأن الذي يخشى عليه هو التأثير في النظم التعبيرية أو تركيب الجمل، لأن اللغة التي تقترض من لغة أخرى نظما تعبيرية فهي تتعرض للانهيار، ولا تظن الباحثة أن ذلك يوجد في العربية والحمد لله.

هـ – إذا دخلت هذه الألفاظ والكلمات في العربية تستخدم في أول

الفصل الثالث

الوضع الراهن للغة العربية في الصين بين اللغات العالمية

وهلة فقط حتى تبادر المجامع اللغوية والمؤسسات العربية والإسلامية للتعريب لوضع ما يناسب هذه الكلمات الأجنبية من العربية مثل "موبايل" التي وجدت لها "الجوال" وبعد سنين ستنقرض هذه الألفاظ الأجنبية ويتعود الناس على البديل المختار في اللغة العربية.

ثانيا- تأثير اللغة العربية في اللغات العالمية الأخرى

إن اللغة العربية بفضل كونها لغة القرآن وحاملة لرسالة الإسلام أثرت في لغات البلدان التي اعتنق أهلها الإسلام أو حلت محلها، جرى ذلك في القارتين الآسيوية والإفريقية مثل بلاد الشام ومصر وبلدان المغرب وتركيا وإندونيسيا1 ونيجيريا ومالي وتشاد والنيجر وغيرها. وفي أسبانيا الأندلس في القارة الأوروبية وجاز العرب مرحلة النقل والترجمة إلى مرحلة الوضع والتأليف، وأبدعوا حتى منتصف القرن الرابع عشر. وخلال هذه الفترة الذهبية من عمر العطاء العربي، بدأت أوربا بنقل المؤلفات العربية، ولا سيما الفلسفة والعلمية إلى لغاتها اللاتينية والفرنسية والإيطالية والألمانية والإنجليزية خلال قرنين: من منتصف القرن الحادي عشر إلى منتصف القرن الثالث عشر. وكان من أثر ذلك أن أثرت اللغة العربية في اللغات الأوروبية ودخل العديد من مفرداتها من تلك اللغات.

---

1. شحادة الخوري: واقع اللغة العربية عربيا ودوليا، مرجع سابق، ص:33-35.

وبداية من مطلع القرن التاسع عشر، بدأ العرب نهضتها المعاصرة، بعد فترة الجمود والتوقف، فعمدوا إلى نقل العلوم والمعارف من لغات العرب الذين سبقوهم في مضمار التقدم العلمي والتقني، وشرعوا بالترجمة والتأليف واصطناع المصطلحات الحضارية والعلمية وأنشأوا المدارس والمعاهد والجامعات والمجامع اللغوية والمجالس العلمية والروابط والاتحادات الثقافية.

وفي هذه المرحلة، كان على اللغة العربية وهي الغنية بمفرداتها والقادرة على توليد الجديد واستقبال الوافد من ألفاظ المعاني والأدوات والمواد المستحدثة أن تستجيب لذلك، وما زال الشوط بعيدا والجهد المطلوب كبيرا[1].

وهكذا نلاحظ أن العربية قد حققت علميتها وعالميتها معا، خلال فترات متعاقبة من الزمن، حققت علميتها عند ما استطاعت أن تستقبل العلوم في عصر النهضتين العربيتين الأولى والثانية، وبينهما ألف عام، وعند ما أغنت العلوم وحملت ثمرات العقول العربية المبدعة عدة قرون وحققت عالميتها عندما اتصلت باللغات الأخرى، الشرقية والغربية، فأخذت وأعطت واقترضت وأقرضت، فعرفت أبنائها بما لدى غيرهم وعرفت الآخرين بما عند أبنائها[2].

لقد فعلت ذلك دون عجز أو قصور، فكانت جسرا ثقافيا وحضاريا

---

1. المرجع السابق، ص:34.
2. المرجع نفسه، ص:34-35.

الفصل الثالث
الوضع الراهن للغة العربية في الصين بين اللغات العالمية

بين قارات ثلاث من قارات العالم.

ومما يثير الفضول أن يطلع المرء على تأثير العربية على اللغات الشرقية والغربية، إذ أن نسبة الألفاظ العربية في اللغة التركية ٦٥.٣٥٪؛ وفي الفارسية ٦٠.٦٠٪؛ وفي الأفغانية ٥٧٪؛ وفي التاجكية ٤٦.٤٪؛ وفي الأردية ٤٢٪؛ أما في اللغة الإندونيسية فتبلغ النصف أي ٥٠٪، هذا في لغات الشرق، وأما في لغات الغرب فيقدر الباحثون أن اللغة الأسبانية ١٥٠٠ كلمة من أصل عربي، وفي اللغة الإنجليزية ١٠٠٠ كلمة، وفي اللغة الفرنسية ٢٨٠ كلمة، واللغة الألمانية ٢٥٠ كلمة، ويعد إدخال العرب الأرقام العربية[1] والصفر إلى أوربا مفخرة باقية على الدهر من مفاخر الثقافة والعلم عند العرب.

وعند النظر في اللغت الإفريقية نجد أن أغلبيتها تستخدم كلمات عربية الأصل ومن أهمها لغة الهوسا التي توجد فيها ٢٥٪ تقريبا، وفي السواحلية ٤٥٪.[2]

---

1. وتجدر الإشارة هنا إلى ما يقال عن النوعين من الأرقام المستخدمة اليوم في اللغة العربية: مثل (١،٢،٣) في الحقيقة أنها أرقام عربية، وكتب بها النشر، ونشأت في البلاد العربية الشرقية. الأرقام العربية مثل: (1،2،3)، هي أرقام عربية مغربية، سادت في الغرب ثم في المغرب العربي، ويكتب بها الآن في المغرب العربي المصارف والمؤلفات. لذلك نجد أن كلا من الرقمين عربي الأصل.

2. محمود اسماعيل صيني: عالمية اللغة العربية بين الحقيقة والواقع، مرجع سابق.وأنظر: إلياس علي أبو بكر، ألفاظ اللغة العربية المستخدمة في لغة الهوسا،عام1982م، ص: 49.

المبحث الرابع الوضع الراهن للغة العربية بين اللغات العالمية في الصين

تشكل تعليم اللغة العربية في المساجد مع انتشار الإسلام وزيادة عدد المسلمين في الصين، فبدأ هذا النوع من التعليم في زمن جيا جينغ الملكية (سنة١٥٢٢–١٥٦٦م) على يد السيد خو دينغتشو (سنة١٥٢٢– ١٥٩٧م) العالم والمعلم المسلم من قومية هوي في مقاطعة شان شي. فكان يقبل الطلبة في بيته ويعلمهم مجانا اللغة العربية والأسفار الإسلامية، ثم انتقل إلى المسجد. فبدأ هذا النوع من التعليم في مقاطعة شان شي وامتد تدريجيا إلى مقاطعات خه نان وشان دونغ ويون نان وقان سو وبكين وغيرها. وكان التعليم في المساجد في أوج ازدهاره يشمل النظم الابتدائية والإعدادية والعالية، وكان وضع المساجد في هذه المقاطعات يشبه كثيرا وضع المساجد في الدول العربية التي تقوم بوظيفة المدرسة حيث تدرس فيها اللغة والقرآن وعلوم الشريعة والعلوم المختلفة، وأفضل مثال لهذه المدارس جامع الأزهر من القاهرة، كان يقدم هذا الجامع حلقات دراسية ويتلقى الطلاب فيه المحاضرات المختلفة عن اللغة والقرآن وعلوم الشريعة وغيرها من المعلومات المختلفة وفيه غرف لسكن الطلاب فيها يسمى بالأروقة، حيث نجد فيه رواق للأتراك ورواق للمغارب ورواق للسودانيين.

118

الفصل الثالث
الوضع الراهن للغة العربية في الصين بين اللغات العالمية

وفي العصر الحديث ينقسم التعليم في المساجد إلى قسمين: التعليم الابتدائي والتعليم العالي. وتعتبر اللغة العربية من المقررات الضرورية إلى جانب المقررات الدينية والثقافية الأخرى[1]، إلا أن وجود معاهد العلوم الإسلامية والمدارس العربية في أنحاء الصين قلل كثيرا من عدد المسلمين الذين يدرسون في المساجد والجوامع. إن تعليم العربية في معاهد العلوم الإسلامية هو تعليم عال يختلف عن التعليم في المساجد. ففي عام ١٩٥٥، تم بموافقة الحكومة إنشاء معهد العلوم الإسلامية بالصين، وتنقسم مقررات الدراسة في هذا المعهد إلى قمسين: المقررات التخصصية الإسلامية والمقررات الثقافية الجامعية الأساسية، ومنها اللغة العربية التي تحتل نسبة كبيرة من مقررات الدراسة فيه. وقد انضم المعهد إلى مجمع اللغة العربية بالصين للتدريس والدراسات، وأصبح عضوا في مجلس إدارة المجمع، ويشارك طلبته كثيرا مع طلبة الجامعات والمعاهد العليا الأخرى في نشاطات مختلفة ومتعلقة باللغة العربية والشؤون الخارجية. وفي الثمانينات والتسعينات من القرن العشرين الماضي وتمشيا مع اتجاه الإصلاح والانفتاح في الصين وتنفيذا كاملا لسياسة الدولة الخاصة بالأقليات القومية والديانات وبهدف تخريج أكبر عدد من المتخصصين الأكفاء في الدين الإسلامي أنشئت معاهد على التوالي في بكين، وشين يانغ،

1. ما تشونغ جيه وتشانغ قوانغ لين :"أسلوب التدريس البسيط" وتجربة التعليم الناجحة، مجلة "المسلمون الصينيون" عام 1997 ، العدد السادس ، ص19.

وأورومتش، سي نينغ، ويين تشوان، ولان تشو، وتشينغ تشو، وكون مينغ، وشي جيا تشونغ[1]. وتتفق هذه المعاهد بشكل أساسي مع معهد العلوم الإسلامية بالصين في أهداف التدريس والمقررات ونظام الدراسة.

وظل تعليم اللغة العربية في الصين مقتصرا على المساجد لفترة طويلة، ولم يطرأ عليه أي تغيير جذري إلا في الأربعينات من القرن العشرين. ومن ذلك الوقت أدرجت اللغة العربية لأول مرة في نظام التعليم العالي في الصين. وفي مارس عام ١٩٤٣، بدأ الأستاذ عبد الرحمن نا تشونغ الذى أكمل دراسته في جامعة الأزهر بمصر(وهو كان أستاذا في جامعة الدراسات الأجنبية ببكين وتوفى عام ٢٠٠٨) بدأ لأول مرة تعليم اللغة العربية في جامعة صينية — الجامعة المركزية، حيث ألف الأستاذ نا تشونغ كتابا منهجيا لتعليم اللغة العربية في الجامعة الصينية، وفي عام١٩٤٥م، بدأ لأول مرة يلقي على الطلبة في الجامعة المركزية محاضرات حول التاريخ والثقافة العربية الإسلامية[2]. وفي عام١٩٤٦م، استقدمت جامعة بكين السيد محمد ماكين زميل وصديق الأستاذ نا تشونغ عبد الرحمن والذى عاد من مصر أيضا بعد إكمال دراسته في

---

1. ما تشونغ جيه وتشانغ قوانغ لين :"أسلوب التدريس البسيط" وتجربة التعليم الناجحة، مجلة "المسلمون الصينيون" عام 1997 ، العدد السادس ، ص 20.
2. شبكة جامعة الدراسات الأجنبية ببكين:الصفحة الرئيسية لكلية اللغة العربية، نبذة عن الأستاذ نا تشونغ:www.bfsu.edu.cn.

الفصل الثالث
الوضع الراهن للغة العربية في الصين بين اللغات العالمية

جامعة الأزهر، استقدمته كأستاذ وكلفته بإنشاء شعبة للغة العربية في قسم اللغات الشرقية بجامعة بكين[1].

وفي الخمسينيات والستينيات من القرن العشرين، تم بموافقة الحكومة إنشاء شعبة اللغة العربية في كل من المعهد الدبلوماسى(في سنة ١٩٦٢م انضمت إلى جامعة الدراسات الأجنبية ببكين) وجامعة الاقتصاد والتجارة الخارجية وجامعة الدراسات الأجنبية ببكين ومعهد اللغات الأجنبية لجيش التحرير الشعبي الصيني وجامعة الدراسات الدولية بشانغهاي وجامعة اللغات ببكين والمعهد الثاني للغات الأجنبية ببكين (تم تحويل الاسم بجامعة الدراسات الأجنبية ببكين حاليا).

وفي التسعينات من القرن العشرين، فتحت جامعة نينغ شيا وجامعة يون نان ومعهد القوميات في شمال غربي الصين ومعهد اللغات الأجنبية في تيان جين على التوالي تخصص اللغة العربية لدرجة الدبلوم والليسانس، وفي عام ٢٠٠٤ تم إنشاء مثل هذا التخصص في جامعة هيلونغجيان ومعهد اللغات الأجنبية في سيتشوان، وحسب الاحصاءات الأخيرة، إن عدد الجامعات والهيئات الرسمية التي تدرس فيها اللغة العربية في أنحاء الصين قد بلغ ٣٠ معهدا وكلية وجامعة.

---

1. تشانغ جيا مين: "اللغة العربية في الصين"، اللجنة الإعلامية والثقافة لمجلس السفراء العرب لدى بكين وجمعية بكين للدراسات الأجنبية: مجموعة من البحوث ل"الندوة الثقافية العربية في جامعة بكين" 1994 ،دار النشر للصين اليوم، ص 59.

ومع تأسيس جمهورية الصين الشعبية واستمرار تطور الصين سياسيا واقتصاديا وثقافيا بعد تطبيق سياسة الإصلاح والانفتاح عام ١٩٧٨ وزيادة التبادل مع بلدان العالم على وجد عام ومع الدول العربية على وجه الخصوص، شهد تعليم اللغة العربية في الصين تغيرا كبيرا، فأصبحت في الصين جهات عديدة تهتم بتعليم اللغة العربية منها:

أولا ــ تعليم العربية في الجامعات والمعاهد العليا

يعتبر تعليم اللغة العربية في الجامعات والمعاهد العليا بالصين تعليما تأهيليا متخصصا تم إنشاؤه بموافقة وزارة التربية والتعليم الصينية، وهدفه الرئيسي: إعداد متخصصين ذوي كفاءة عالية يتمتعون بأساس قوي في اللغة العربية ومعلومات علمية وثقافية واسعة، ويتسلحون بمعارف ذات علاقة بالأجانب وقدرة على المعاملة والاتصال باللغة العربية، ويتمكنون من القيام بأعمال الترجمة والتدريس والدراسات والإدارة في المجالات الدبلوماسية والتجارة الخارجية والصحافة والثقافة والتعليم وغيرها من الدراسات ويجمعون بين الأخلاق والكفاءة.

ويرتكز تعليم اللغة العربية في الجامعات والمعاهد العليا بالصين حول المهارات الخمس التالية: الاستماع والمحادثة والقراءة والكتابة والترجمة، ومن المقررات الرئيسية: علم الأصوات، اللغة العربية الأساسية،

122

الفصل الثالث

الوضع الراهن للغة العربية في الصين بين اللغات العالمية

المحادثة العربية، النطق العربي، القواعد العربية، قدرة الاستماع، المطالعة العربية، أحوال الدول العربية، الإنشاء العربي، البحث العلمي، نظرية الترجمة وتطبيقها، الترجمة الشفوية، الترجمة التحريرية، قراءة النصوص العربية، قراءة الصحف العربية، مختارات من أعمال الأدب العربي، تاريخ الأدب العربي، تاريخ العرب، الثقافة العربية الإسلامية، علم اللغة العربية، البلاغة العربية، علم المفردات العربية، السياسة والدبلوماسية العربية والعلاقات الصينية العربية، الاقتصاد والتجارة العربية والتبادل الاقتصادي والتجاري بين الصين والعالم العربي، الثقافة العربية والتبادل الثقافي بين الصين والعالم العربي1.

ومنذ الأربعينات من القرن العشرين، أعدت الجامعات والمعاهد العليا الصينية آلافا من الدارسين ذوي الكفاءة الذين أتقنوا اللغة العربية وتميزوا بوفرة المعلومات والقدرات التخصصية وهم منتشرون في المجالات السياسية والاقتصادية والتجارية والعلمية والثقافية والتعليمية والصحفية والسياحية والعسكرية وغيرها، ومنهم وزراء وسفراء وجنرالات وأساتذة وباحثون وعلماء ومديرون في الشركات. ولقد سجلوا مراكز مرموقة في سبيل تطوير العلاقات بين الصين والدول العربية.

ومنذ تأسيس جمهورية الصين الشعبية، شهد تعليم اللغة العربية في الصين تطورا كبيرا، وأصبحت الآن في جامعات الصين ومعاهدها العليا

---

1. دائرة الشئون الأكاديمية في جامعة الدراسات الأجنبية ببكين: "دليل أكاديمي لجامعة الدراسات الأجنبية ببكين" طبعة2001 ،إبريل2001 ،ص328 .

كليات أو أقسام عديدة تدرس فيها اللغة العربية وعلومها وهى كما يلي:

أ – كلية اللغة العربية بجامعة الدراسات الأجنبية ببكين.

ب – قسم اللغة العربية في كلية اللغات الأجنبية بجامعة بكين.

جـ – قسم اللغة العربية في جامعة الدراسات الدولية ببكين.

د – قسم اللغة العربية في كلية اللغات الأجنبية بجامعة اللغات ببكين.

هـ – قسم اللغة العربية في كلية اللغات الأجنبية بجامعة الاقتصاد والتجارة الخارجية.

و – قسم اللغة العربية في كلية اللغات الشرقية وعلومها بجامعة الدراسات الدولية بشانغهاي.

ز – قسم اللغة العربية بمعهد اللغات الأجنبية لجيش التحرير الشعبي الصيني.

حـ – قسم اللغة العربية في كلية اللغات الأجنبية بجامعة يون نان.

ط – قسم اللغة العربية في معهد اللغات الأجنبية بتيان جين.

يـ – قسم اللغة العربية بجامعة نينغ شيا.

كـ – قسم اللغة العربية بمعهد القوميات في شمال غربي الصين.

لـ – قسم اللغة العربية بجامعة هيلونغجيانغ.

الفصـل الثالث

الوضع الراهن للغة العربية في الصيـن بيـن اللغات العالمية

هـ - قسم اللغة العربية بمعهد اللغات الأجنبية في سيتشوان.

وتضم الآن هيئات تدريس اللغة العربية بالجامعات والمعاهد الصينية نحو ٩٠ مدرسا منهم: الأستاذ والأستاذ المشارك والمدرس والمعيد. ومنذ الثمانينات من القرن العشرين تطور تعليم اللغة العربية في الجامعات والمعاهد العليا الصينية، من التعليم الجامعى إلى مستوى الدراسات العليا، وصار الآن من حق جامعة الدراسات الأجنبية ببكين وجامعة بكين وجامعة الدراسات الدولية بشانغهاي منح درجتي الماجستير والدكتوراه في اللغة العربية وعلومها، كما أصبح أيضا من حق جامعة الاقتصاد والتجارة الخارجية ومعهد اللغات الأجنبية لجيش التحرير الشعبي الصيني منح درجة الماجستير، وصار لجامعة الدراسات الأجنبية ببكين بشكل خاص الحق في قبول الذين حصلوا على درجة الدكتوراه لإجراء دراسات متقدمة فيها.

وتنقسم برامج تعليم اللغة العربية في الجامعات والمعاهد الصينية حاليا إلى ما يلي:

أ - الدبلوم: مدة الدراسة ٢-٣ سنوات، منها التعليم العالي العام، التعليم الخاص للحصول على شهادة ثانية إلى جانب الليسانس أو البكالريوس، والتعليم العالي المهني.

بـ - الليسانس أو البكالريوس: مدة الدراسة ٤ سنوات، منها نظام اللغة

125

الرئيسية: العربية؛ لغة أخرى ثانية ونظام اللغتين: العربية؛ اللغة الإنجليزية، ونظام التركيب: العربية؛ الاقتصاد والتجارة.

جـ - الماجستير مدة الدراسة: من سنتين ونصف إلى ثلاث سنوات، ينقسم إلى نوعين: تطبيقي ونظري

د - الدكتوراه: مدة الدراسة: ٣ سنوات

هـ - ما بعد الدكتوراه: مدة الدراسة: سنتان.

وتشمل الدراسات العليا في اللغة العربية وعلومها بالجامعات والمعاهد الصينية حاليا التخصصات الآتية: علم اللغة العربية، الأدب العربي، تاريخ العرب، الدراسات الثقافية والاجتماعية العربية، دراسات القضايا العربية، نظرية الترجمة وتطبيقها. وقد تم حتى اليوم إعداد أكثر من ٧٠ خريجا حاصلا على درجة الماجستير والدكتوراه.

ويدرس الآن رسميا في الجامعات والمعاهد الصينية نحو ١٠٠٠ طالب وطالبة. وتقبل جامعة الدراسات الأجنبية ببكين من بين الجامعات والمعاهد المذكورة أعلاه عددا كبيرا من طلبة اللغة العربية، فيدرس فيها حاليا نحو ٢٠٠ طالبا وطالبة في مختلف المستويات، وهي أول مؤسسة حصلت على حق منح الماجستير للغة العربية وعلومها في الصين عام ١٩٨٠ ومنح الدكتوراه عام ١٩٨٦ وهي الوحيدة في الصين التي لها حق القبول للدراسات ما بعد الدكتوراه في اللغة العربية وعلومها، وكان

126

الفـصـل الثالث

الوضع الراهن للغة العربية في الصين بين اللغات العالمية

ذلك عام ١٩٩٢.

ومع تطور تعليم اللغة العربية تأسست في بكين عام ١٩٨٤ الجمعية الصينية لدراسة وتدريس اللغة العربية، من أهدافها تنمية علاقات التعاون والتبادل مع البلدان العربية وتنظيم النشاطات العلمية بين صفوف المدرسين لتبادل خبرات ونتائج البحوث العلمية في دراسة وتدريس العربية، ومن نشاطاتها أن أقامت ندوات علمية سنوية تناقش فيها أهم المواضيع المتعلقة بتدريس العربية، كالمنهج الموحد لتدريس اللغة العربية في المرحلة الأساسية بالجامعات والمعاهد العليا في الصين، والمنهج الموحد لتدريس اللغة العربية في الصفوف المتقدمة بالجامعات والمعاهد العليا في الصين، ومن نشاطتها أيضا أن نظمت مسابقات في الخطابة والترجمة باللغة العربية، ونظمت اختبارات عامة لمستوى طلاب اللغة العربية في صفوفها المختلفة، شارك فيها جميع طلاب العربية في هذه الجامعات.

ثانيا- تعليم العربية في المدارس الإعدادية والثانوية

وبعد ثورة عام ١٩١١ ونتيجة لتأثير الحركة الثقافية الجديدة المتمثلة في المقاومة ضد الإمبريالية والإقطاعية، عرف المسلمون الصينيون تدريجيا الجوانب السلبية للتعليم في المساجد وبدأوا بإنشاء مدارس حديثة

وهي المدارس التي تدرس فيها اللغتان الصينية والعربية، وهي تقبل أولاد المسلمين بشكل خاص، وتدرس المواد الثقافية الصينية والعربية في وقت واحد. وبعض هذه المدارس ابتدائية، منها المدرسة الابتدائية الإسلامية الأولى للدرجتين في العاصمة عام ١٩٠٨، ومدرسة سيه جين في شاويانغ عام ١٩٠٦، ومدرسة مو يوان في تشين جيانغ عام ١٩٠٦، المدرسة الابتدائية الإسلامية للدرجتين في تشي تشي هار؛ مدرسة تشنغ متوسطة منها المدرسة العامة شمال غربي الصين (كانت هي المدرسة الإسلامية عام١٩٢٨) مدرسة تشنغ دا للمعلمين في تشي نان (انتقلت إلى بكين عام ١٩٢٥) والمدرسة الإسلامية للمعلمين في شانغهاي عام ١٩٢٨، ومدرسة مينغ ده المتوسط في كون مينغ بمقاطعة يون نان عام١٩٣٠ [1]. وقد تخرج في هذه المدارس معظم الأساتذة أمثال الأستاذ محمد ما كين والأستاذ عبد الرحمن نان تشونغ وغيرهما من المثقفين المسلمين الذين كانوا من الدفعة الأولى من الطلبة الصينيين الذين أوفدوا للدراسة بجامعة الأزهر بمصر.

ويعتبر هذا التعليم تعليما متوسطا يختلف عن التعليم في المساجد، وانسجاما مع تعمق وتطور الإصلاح والانفتاح في الصين وزيادة التبادل الدولي وتلبية لحاجة المجتمع، سعت بعض المدارس الإعدادية والثانوية

1. أنظر: لي شينغهوا: "تاريخ الإسلام في الصين"، دار النشر الاجتماعية الصينية، 1998، ص 720-725.

وخاصة المدارس الواقعة في مناطق يعيش فيها عدد كبير من المسلمين الصينيين إلى وضع مقررات خاصة لدراسة اللغة العربية إلى جانب إكمال المقررات الثقافية اللازمة التي تحددها الدولة، ومنها بعض المدارس الإعدادية والثانوية العامة في بكين وتيان جين وشان سي وشان شي وقان سو وخه نان وتسينغ هاي ونينغ سيا وسينجيانغ وغيرها، إضافة إلى بعض المدارس الثانوية المهنية في بكين.

ثالثا- تعليم العربية في دورات مختلفة

تنظم دورات تعليم اللغة العربية لأغراض مختلفة، فمنها ما هو يغرض الزيارة أو العمل في بلد عربي معين، أو من أجل إجراء دراسات للقضايا العربية أو الشرق الأوسط أو لأسباب دينية. وتختلف مدة الدراسة باختلاف الأهداف، فقد تكون شهرا واحدا أو شهران أو ثلاثة أشهر أو نصف سنة أو سنة واحدة إلى غير ذلك.

أ ـ العوامل التي تساعد على انتشار اللغة العربية في الصين

لقد عمل وما زال يعمل الأساتذة الصينيون في الجامعات والمعاهد العليا بلا كلل ولا ملل في بستان تعليم اللغة العربية، وإلى جانب ذلك، فقد بذلوا جهودا كبيرة ودؤوبة في إعداد دراسات حول السياسة والاقتصاد والتجارة والثقافة والتاريخ والجغرافيا والدين والعادات والتقاليد في العالم العربي. وحققوا إنجازات عظيمة في تعليم اللغة العربية ودراسة علومها،

وألفوا ونشروا عددا كبيرا من الكتب المنهجية والكتب الأكاديمية والعلمية والرسائل والبحوث الأكاديمية وأعمال الترجمة ومن أهمها ما يلى:

١ – الكتب المنهجية

صدر عن جامعة الدراسات الأجنبية ببكين «اللغة العربية» ١٠ أجزاء؛ «اللغة العربية الأساسية» ٤ أجزاء؛ «المحادثة العربية التطبيقية»؛ «القواعد الأساسية في اللغة العربية» ٤ أجزاء؛ «مطالعة النصوص العربية» ١٠ أجزاء؛ «دروس الاستماع والمحادثة» جزءان؛ «الاقتصاد والتجارة باللغة العربية» الجزء الأول؛ «السياسة والدبلوماسية العربية» و«العلاقات الصينية العربية» جزءان، و«الجديد في اللغة العربية» جزءان.

وصدر عن جامعة بكين: «المنهج الأساسي لتعليم اللغة العربية» ٥ أجزاء و«٣٠٠ جملة عربية»؛ وصدر عن جامعة الدراسات الدولية بشانغهاي: «دراسة الترجمة بين اللغة العربية والصينية – نظريا وتطبيقيا» و«نخبة من أعمال الأدب العربي الحديث» و«التعبير الوظيفي بالعربية» و«دروس الترجمة الشفوية بين العربية والصينية»؛ وعن جامعة الدراسات الدولية ببكين: «مطالعة الصحف العربية» و«التراكيب العربية المتداولة».

الفصل الثالث

الوضع الراهن للغة العربية في الصين بين اللغات العالمية

٢- القواميس والمعاجم

صدر عن جامعة بكين: «معجم العربية الصينية» و«معجم الصينية العربية» و«معجم المفردات المتداولة المبوبة» و«معجم الأمثال الصينية العربية»؛ وعن جامعة اللغات ببكين: «المعجم الميسر صيني – عربي»؛ وعن جامعة الاقتصاد والتجارة الخارجية: «معجم الحكم والأمثال عربي – صيني» و«قاموس المصطلحات الاقتصادية والتجارية عربى – صيني»؛ وعن جامعة الدراسات الدولية بشانغهاي: «معجم الأدب العربي المعاصر» و«قاموس الجيب عربي – صيني»؛ «معجم ميسر —— صيني عربي».

٣- الكتب العلمية:

صدر عن جامعة الدراسات الأجنبية ببكين: «البلاغة العربية»؛ «فقه اللغة العربية»؛ «علم المفردات العربية»؛ «اللغة العربية والثقافة العربية»؛ «علم النصوص العربية»؛ «التوارث والتمازج: الثقافة العربية»؛ «التاريخ العربي العام»؛ «القواعد العربية التطبيقية»؛ وعن جامعة بكين: «تيارات الإسلام الحديثة»؛ «تاريخ العلاقات الصينية العربية»؛ «منهج تاريخ الثقافة العربية والإسلامية»؛ «تاريخ الأدب العربي» المجلد الأول والمجلد الثاني؛ وعن جامعة الدراسات الدولية بشانغهاي: «تاريخ الأدب العربي»؛ «تاريخ تطور اللغة العربية»؛ «علم الأسلوب اللغوي العربي»؛ و«موجز التاريخ العربي»؛ «صحيح البخاري» أربعة أجزاء؛ وعن جامعة اللغات ببكين: «تاريخ الفلسفة العربية»؛ «سلسلة من قصص تاريخ حضارات العالم—— القسم

131

العربي».

٤ – الأعمال المترجمة:

«القرآن الكريم» و«ألف ليلة وليلة»، و«كليلة ودمنة» و«مجموعة كاملة من أعمال جبران خليل جبران» و«الأيام» لطه حسين، وأعمال نجيب محفوظ مثل الثلاثية: «بين القصرين» و«قصر الشوق والسكرية»، و«أولاد حارتنا»،و«أصداء السيرة الذاتية» و«مجموعة من قصصه القصيرة» و«تاريخ الثقافة العربية الإسلامية» لأحمد أمين، و«فجر الإسلام» و«ضحى الإسلام» ٣ أجزاء و«ظهر الإسلام» ٤ أجزاء، و«الأدب العربي المعاصر في مصر» لشوقي ضيف، و«تاريخ الأدب العربي» لحنا الفاخوري و«يوميات نائب في الأرياف» و«عودة الروح» و«مجموعة مسرحيات لتوفيق الحكيم» وغيرها من الأعمال الأدبية لإحسان عبد القدوس ويوسف إدريس ويوسف السباعى وحنا مينة والطيب صالح وغيرهم من مشاهير الأدباء العرب.

٥ – مجلة العالم العربي:

تصدر عن جامعة الدراسات الدولية بشانغهاي مجلة: «العالم العربي» وبدأت تصدر من سبتمبر عام ١٩٨٠م ، وتعتبر المجلة الوحيدة التي تعرف بالعالم العربي داخل الصين1.

---

1. سين جيانتسيانغ وخونا:العربية في الجامعات الصينية"بيت العرب"،عام 1997 العدد ال13 ص14.

الفصل الثالث

الوضع الراهن للغة العربية في الصين بين اللغات العالمية

وإلى جانب ما ذكر أعلاه، ومن أجل رفع مستوى تدريس اللغة العربية في الجامعات والمعاهد الصينية وإعداد دارسين ذوي كفاءة عالية لخدمة الدولة والمجتمع، أنشأت وزارة التربية والتعليم الصينية فرقة لتوجيه تدريس اللغة العربية في جامعات الصين. وبفضل قيادة الفرقة التوجيهية، تم تأليف ونشر«منهج تعليم اللغة العربية في الجامعات الصينية» و«جدول المفردات لمنهج تعليم اللغة العربية في الجامعات الصينية» الذين يعتبران مرجعين معتمدين لتدريس اللغة العربية في الصين. وكذلك بفضل تضافر الجهود والآراء من أساتذة اللغة العربية في الجامعات والمعاهد وتأييد ومساندة مختلف جهات المجتمع، تم إنشاء مجمع اللغة العربية بالصين للتدريس والأبحاث، والجمعية الصينية لدراسات الأدب العربي الذين ساهما مساهمة إيجابية في تدريس وبحث اللغة العربية وعلومها.1.

وفي الوقت نفسه، لا يمكننا أن نهمل التبادلات الدولية في دفع تعليم اللغة العربية في الصين فمنذ تأسيس الصين الجديدة، يعتمد تعليم اللغة العربية في الجامعات والمعاهد الصينية على الأساتذة الصينيين الذين سعوا إلى الدعوة إلى الأفكار السامية واعتماد طرق التدريس السليمة وإعداد المقررات الدراسية المفيدة وكشف الغموض والشكوك حول تعلم اللغة العربية، وإلى جانب ذلك، تستقدم الجامعات والمعاهد الصينية بناء على

---

1. شيه تسي رونغ،: تعليم العربية في الصين استعراضا وتطلعا""بيت العرب"،العدد 19، ص 27 عام2005.

133

النظم والقوانين المنظمة لتدريس اللغات، بعض الأساتذة العرب للمشاركة في التدريس، ومعظمهم يأتون من مصر والعراق وسوريا والسودان واليمن وغيرها من الدول العربية، ومن جهة أخرى، قدمت الحكومات والمؤسسات العربية مساعدات قيمة في تطوير قضية تعليم اللغة العربية في الصين تتمثل في قبول البعثات الدراسية الصينية إلى الجامعات العربية ودعوة الأساتذة الصينيين لزيارة البلدان العربية وقبول عدد من الطلبة للدراسة في الجامعات العربية، لكي يتعرفوا على أحوال الدول العربية وتاريخها وجغرافيتها وثقافتها وتقاليدها وعاداتها، الأمر الذي يساعدهم على خدمة الصداقة والتعاون بين الصين والعالم العربي، وفي نفس الوقت، قد زودتنا بعض الدول العربية بالأساتذة والخبراء الذين يتوافدون على الصين لتقديم الدعم لزملائهم الصينيين في تعليم العربية.

ومن الدول العربية التي يوفد الطلبة الصينيون إليها: مصر والعراق وسوريا والسودان واليمن والكويت وقطر وغيرها. من أجل خلق ظروف طيبة ومناسبة للطلبة، وإتاحة فرصة أكبر للتعامل مع الأصدقاء العرب، وللاطلاع على أحوال الدول العربية مما يدعم الجامعات والمعاهد الصينية التي تدرس فيها اللغة العربية وعلومها واتصالاتها وعلاقاتها مع السفارات والقنصليات العربية في الصين، وتزويدها ببعض الكتب والمجلات والصحف، والمواد الصوتية والمرئية لاستخدامها في تعليم اللغة العربية، وفي الوقت نفسه، تدعو الجامعات والمعاهد الصينية أصحاب السعادة السفراء والقناصل والمستشارين أو الدبلوماسيين العرب من يشغلون

134

الفصل الثالث
الوضع الراهن للغة العربية في الصين بين اللغات العالمية

الدرجات العليا لإلقاء الأحاديث أو المحاضرات. وبجانب ذلك، يتصل الطلبة الصينيون والطلبة العرب الموفدون إلى الصين بعضهم ببعض ويقيمون نشاطات مشتركة ويتعلم بعضهم من بعض من أجل تلافي كل نقص ويدفع بعضهم بعضا إلى الأمام، فيتقدمون معا.

ومنذ تطبيق سياسة الإصلاح والانفتاح في الصين، أقامت الجامعات والمعاهد الصينية التي تدرس فيها اللغة العربية وعلومها علاقات تبادل وتعاون مع عدد كبير من الجامعات والمعاهد الأجنبية، منها الجامعات والمعاهد في مصر والأردن والعراق والسودان والبحرين وعمان واليمن وتونس وليبيا، وكذلك المنظمة العربية للتربية والثقافة والعلوم، كما تبادلت الزيارات والكتب والمواد التعليمية مع الجامعات في السعودية والإمارات وقطر والكويت. وتلبية للدعوة من الجانب السعودي، سافرت دفعات عديدة من الأساتذة الصينيين إلى السعودية للمشاركة في مهرجان الجنادرية الثقافي الدولي الذي يقام سنويا، وكذلك سافر بعض الأساتذة الصينيين تلبية لدعوة من الجامعات العربية لإلقاء محاضرات فيها، منهم الأستاذ أسعد قوي يونتشانغ الراحل والأستاذ أديب لي ونيان من جامعة الدراسات الأجنبية ببكين، كما شارك في الندوات العلمية الدولية المقامة في الدول العربية ببحوث كل من الأستاذ الراحل أسعد قوي يونتشانغ والأستاذ أديب لي ونيان من جامعة الدراسات الأجنبية ببكين والأستاذ الراحل عبد الجبار تشو ويليه من جامعة الدراسات الدولية بشانغهاي، وإلى جانب ذلك، عين بعض الأساتذة

135

الصينيون أعضاء مراسلين في الهيئات العلمية العربية المعروفة، منهم الأستاذ العلامة عبد الجبار تشو ويليه من جامعة الدراسات الدولية بشانغهاي. ونال الأستاذ العلامة نا تشونغ جائزة الشارقة الأولى للثقافة العربية التي منحته لها اليونسكو في ٢٣ / ١٠ / ٢٠٠١[1]، أما في عام ٢٠١٠، اعلنت الأمانة العامة لجائزة الشيخ زايد للكتاب(إحدى أبرز وأهم الجوائز الثقافية العربية) في دورتها الخامسة للعام ٢٠١٠—٢٠١١عن منح المستشرق الصيني تشونج جي كون جائزة "شخصية العام الثقافية"، وقالت الأمانة العامة للجائزة إن الهيئة الاستشارية للجائزة اختارت المستشرق تشونغ جي كون من جمهورية الصين الشعبية شخصية العام الثقافية تقديرا لما قدمه لأكثر من نصف قرن في حقل تعليم اللغة العربية والترجمة والدراسات العلمية في اللغة العربية في دول شرق الأقصى".

وبفضل التبادل والتعاون الدولي، شهد تعليم اللغة العربية ودراساتها في الجامعات والمعاهد الصينية تطورا كبيرا.

وبفضل الجهود المبذولة من الجامعات والمعاهد الصينية والدوائر الوظيفية المختصة الصينية وعن طريق التبادل والتعاون، لقيت أعمال تعليم اللغة العربية في الصين تفهما من الدول العربية وإشادتها وتأييدها

1. أدب وثقافة: جائزة الشارقة الأولى للثقافة إلى المقالح والصيني ناجون 24 أكتوبر 2001م.

الفصل الثالث

الوضع الراهن للغة العربية في الصين بين اللغات العالمية

ومساندتها. ففي عام ١٩٨٧، تبرعت غرفة التجارة والصناعة بدبي في دولة الإمارات العربية المتحدة لإنشاء صندوق تدريس اللغة العربية ودراستها "شانغهاي – دبي" في جامعة الدراسات الدولية بشانغهاي؛ وفي مايو عام ١٩٩٠، أهدت السعودية إلى جامعة بكين معملا لغويا بكامل الأجهزة والمعدات؛ وفي عام ١٩٩٥، أسهمت السعودية في إنشاء صندوق ماكين للدراسات الإسلامية بجامعة بكين. وبالإضافة إلى ذلك، فقد أهدت السعودية «الموسوعة العربية العالمية» ٣٠ جزء إلى الجامعات والمعاهد الصينية التي تدرس فيها اللغة العربية؛ وفي فبراير عام ١٩٩٥، تم بناء مبنى تدريس اللغة العربية ودراستها في جامعة الدراسات الأجنبية ببكين (مركز الإمارات العربية المتحدة لتدريس اللغة العربية والدراسات العربية الإسلامية) بمنحة كريمة من صاحب السمو الشيخ زايد بن سلطان آل نهيان رئيس دولة الإمارات العربية المتحدة السابق (رحمه الله) ومن ذلك الوقت، بدأ استخدامه رسميا، وقد زود المبنى بأجهزة تعليمية متعددة الوسائط ونظام للترجمة الفورية بالأشعة تحت الحمراء ومكتبة تضم أكثر من عشرة آلاف نوع من الكتب والمجلات والصحف العربية وكذلك أجهزة ومعدات كهربائية تعليمية وغيرها من الأجهزة الحديثة

ومكتبة1؛ وفي عام ١٩٩٧، أهدى المكتب الإعلامي التابع للسفارة المصرية لدى بكين نظام الاستقبال لبرامج الأقمار الصناعية إلى الجامعات والمعاهد الصينية التي تدرس فيها اللغة العربية، وكذلك يرسل المكتب وبعثة جامعة الدول العربية لدى بكين مجانا وبانتظام المجلات التي صدرت عنهما والمواد الأخرى المعينة للجامعات والمعاهد الصينية المعينة، والجدير بالذكر أن السفارات والقنصليات العربية في الصين قدمت وما زالت تقدم مساعدات إلى الجامعات والمعاهد الصينية المعنية.

في ظل المساعدات القيمة من قبل الدول العربية الصديقة، إن الصينيين لم يقفوا في مكانهم، بل يسعون إلى تنشيط تعليم وتعلم اللغة العربية في الصين وفتح مجالات مختلفة لدفع هذه العملية، ففي اليوم الخامس والعشرين من يوليو عام ٢٠٠٩، تقرر إطلاق القناة العربية الدولية التابعة لتلفزيون الصين المركزي رسميا، وعلى مدار ٢٤ ساعة يوميا بعد انطلاق أربع قنوات دولية باللغات الصينية والإنجليزية والأسبانية والفرنسية، وذلك دليل على أن الصين خطت خطوة هامة في مجال تعزيز قدرة الإعلام الدولي، كما يعتبر إجراء جوهريا لتلفزيون

---

1. سين جيانتسيانغ وخونا: "اللغة العربية في الجامعات العربية لدى بكين": مجلة "بيت العرب"، عام 1997 العدد ال13 ص15.

الفصل الثالث
الوضع الراهن للغة العربية في الصين بين اللغات العالمية

الصين المركزي في مسيرة استراتيجية العولمة المتميزة بتعدد اللغات والتغطية الشاملة.

تقوم القناة العربية الدولية بتغطية الشرق الأوسط وشمال إفريقيا من خلال قمري عربسات ونايلسات وتغطية منطقة آسيا والباسفيك من خلال القمر الصناعي B٦. ويتلقى نحو ٣٠٠ مليون مشاهد في ٢٢ دولة ومنطقة عربية برامج القناة العربية الدولية باستخدام الهوائيات الفضائية المنزلية.

تخدم القناة العربية الدولية مشاهدي المنطقة العربية بشكل رئيسي. وتركز القناة على نشرات الأخبار بالإضافة إلى البرامج الثقافية والخدمية والترفيهية. وتشتمل على ٩ برامج رئيسية منها "الحوار" و"نافذة على الصين" و"أفلام وثائقية" و"الفنون الصينية" وتنقسم إلى أربعة أنواع وهي نشرة الأخبار والبرامج الخاصة والمنوعات والبرامج التعليمية. وفي البداية، تقوم ببث أربع ساعات من البرامج يتم تكرارها ست مرات على مدار ٢٤ ساعة فيما عدا نشرات الأخبار التي تجدد في حينها. ومع تطور القناة العربية الدولية تزداد البرامج الجديدة.

استراتيجيات نشر اللغة العربية في الصين
في ظل العولمة وحوار الحضارات

تتمتع الصين والدول العربية بتاريخ عريق وثقافة مشرقة ويرجع تاريخ التبادل بينها إلى أمد طويل. وتشهد الدول العربية اهتماما متزايدا بالصين مع تطور التعاون الاقتصادي والتجاري والتبادل الودي. يعتبر فتح القناة العربية الدولية وسيلة هامة لتعزيز التواصل والتعرف بين الصين والدول العربية وجسرا ونقطة وصل بينهما في مجال التعاون السياسي والاقتصادي والتجاري والثقافي والتكنولوجي. وفي الوقت نفسه، ستكون القناة العربية الدولية نافذة هامة لتعرف جماهير الدول العربية على الصين والعالم.

الفصل الرابع

تخطيط شامل لنشر اللغة العربية في العصر الحديث

المبحث الأول أهداف نشر اللغة العربية وأهميته في الصين

أولا- أهداف نشر اللغة العربية

هناك أهداف ينبغي أن تبني على أسسها قضية نشر اللغة العربية. وهذه الأهداف يمكن في إطار الخطة أن تصنف في ثلاثة محاور أساسية وهي: محور الالتزام العقدي والروحي ومحور الالتزام الحضاري ومحور الالتزام القومي.

أ - محور الالتزام العقدي والروحي

ويتمثل الأمر في تمكين المسلمين الصينيين من تعلم اللغة العربية بما يصلهم بالمصادر الأولى للإسلام والتي تتمثل أساسا في كتاب الله وسنة رسوله(صلى الله عليه وسلم) ثم في آثار أئمة الإسلام وعلمائه، ووعاء ذلك كله هو اللغة العربية، وفي هذا الأمر إغناء للثقافة العربية نفسها مما تستقيل من عطاء جديد ومتنوع. وذلك على نحو ما استقبلت واستوعبت وأخذت وأعطت في تاريخها الزاخر الخصيب.

الجدير بالذكر أن عدد المسلمين في أنحاء الصين حاليا غير قليل، قد لاحظت الباحثة في عملية التعليم والتعليم أن أبناء المسلمين نظرا لخلفيتهم الثقافية والدينية وتأثرهم بالبيئة الدينية المحيطة بهم، فدائما

ما من الأسهل أن يقبلوا اللغة العربية صوتا ونحوا وصرفا، فمن هذه الناحية، يمكننا أن نربي أكثر عددا من الطلاب المسلمين لمساهمتهم في مجالات التبادل مع الدول العربية اقتصاديا وسياسيا وثقافيا مما يصبحوا أكفاء بناء الوطن العزيز.

بـ - محور الالتزام الحضاري

وهذا انطوى على أهداف دعم مكانة اللغة العربية عالميا كلغة من اللغات الرسمية في المحافل الدولية، وعلى إرساء دعائم الحوار اللغوي الثقافي مع لغات العالم وثقافاتها بما يتيح التعريف بالعربية وبعطائها الفكرية من خلال التعاون الدولي وتبادل الخبرات عن طريق قنوات الاتصال المقننة التي تيسر نشر اللغة العربية، وينطوي كذلك على هدف تحقيق تحديات اللغة العربية وتأكيد علميتها وتصعيد قابليتها على التعبير عن المكتشفات العلمية والاختراعات الفكرية والتطبيقات التكنولوجية، مصطلحات ومفاهيم[1].

منذ أن أصبحت اللغة العربية إحدى لغات العمل الست في الأمم المتحدة، قد لقيت تحديات كثيرة من الجهات المختلفة نظرا لنظام لغتها الخاصة حيث تجد الأطراف المختلفة صعوبة كبيرة في عملية الترجمة الفورية باختلاف سياقات الكلام وأساليب البنية إلا أن اللغة العربية قد لقيت إقبالا أكبر لأهميتها المتزايدة في العالم، ومن الطبيعة أن تجد اللغة

---

1. محى الدين صابر، (الدكتور): قضايا نشر اللغة العربية والثقافة الإسلامية في الخارج، مرجع سابق، ص:16-19.

العربية أكثر فرصا للتبادل مع الحضارات المختلفة. خاصة للصينيين، إننا ندعو إلى التبادل مع كافة الدول العالمية بما فيها الدول العربية، فمن المفروض أن نربي جيلا بعد جيل من أكفاء اللغة العربية ليتحركوا في المجالات المختلفة.

جـ ـ محور الالتزام القومي

وهذا الهدف يتصل مباشرة بحق العرب في المهاجر وواجب الأمة العربية نحوهم فيما يتصل بحقوق انتمائهم إلى أمتهم وإلى ثقافتها بما يحفظ لهم شخصيتهم الحضارية ويمسك عليهم مقومات قوميتهم، وبخاصة فيما يتصل بأبنائهم الذين يولدون في تلك المهاجر، والذين يتعرضون للاغتراب الفكري والروحي، وللإنبات القومي.

وهذا الهدف ينطوي على عدد من القضايا المتصلة بموضوعاته من حيث مواقع تلك المهاجر وأوضاع المهاجرين أنفسهم حيث إعدادهم، وقد تمتد خدمات هذا الهدف من إنشاء المدارس العربية العالمية؛ إلى إنشاء المراكز الثقافية؛ إلى إنشاء الاتحادات والمنظمات؛ إلى إنشاء صحف ودور نشر. وينطوي كل ذلك على مسائل تنظيمية وقانونية وفنية[1].

في الصين عدد متزايد من المسلمين في السنوات الأخيرة يفضلون أن يسافروا إلى المكة المكرمة للحج، وعلى كاتف معلمي اللغة العربية مسؤولية لنشر اللغة العربية لهم بلا جدل.

---

1. المرجع نفسه.

145

ثانيا- أهمية نشر اللغة العربية عند الناطقين بغيرها في الصين

عند تناول الحديث عملية نشر اللغة العربية وأهميته خارج الوطن العربي، فإن الذهن ينصرف بالبداية إلى نشر القرآن الكريم باعتباره كتاب العربية الأكبر الذي استطاع أن يحفظ اللغة العربية سليمة نقية من كل الشوائب ويجعلها تصمد في وجه كل المحاولات التي استهدفت القضاء عليها قديما وحديثا.

وله الفضل الأكبر كذلك في تدعيم الروابط الثقافية والحضارية والدينية بين العرب في عهود الاستبداد السياسي والاحتلال الأجنبي لبلادهم.

ومن هنا فإن اللغة العربية هي لغة عقيدة الإسلام، كما أنها لغة الثقافة العربية، ولذلك فإن كل تخطيط يوضع لنشر اللغة العربية في العالم لا بد أن يضع في اعتباره التخطيط كذلك لنشر الثقافة العربية. فالعلاقة بينهما علاقة عضوية، فعن طريق نشر اللغة العربية يتم حتما نشر الثقافة العربية وذيوعها والعكس صحيح[1].

فإن الاتجاه اليوم إلى نشر اللغة العربية لا يبدأ من الصفر فهو ليس جديدا على اللغة العربية، فقد سبق لها الانتشار والذيوع في العالم القديم

---

1. تركي رابح عمامرة: قضايا الثقافة العربية ونشر اللغة العربية في العالم بين التقصير والطموح ومشاكل الواقع، مرجع سابق، ص:8-9.

146

الفصل الرابع
تخطيط شامل لنشر اللغة العربية في العصر الحديث

منذ قرون عديدة. وإنما هو عبارة عن عملية إحياء أو تجديد فقط لعملية كانت قائمة بالفعل وتوقفت إلى حد ما منذ القرن الماضي نظرا لظروف وعوامل اعترت العالم العربي في عهود الانحطاط والتخلف والاحتلال الأوروبي لمختلف الأقطار العربية.

ومما يؤكد أهمية نشر اللغة العربية ويوجب على العرب نشرها أن هذه اللغة لغة القومية العربية، ونشر اللغة القومية أصبح في عصرنا الحديث ميدان سباق بين مختلف دول العالم في الشرق وفي الغرب على حد سواء. وخاصة في الدول الكبرى لما له من دور فعال في تحقيق مقاصدها السياسية والاقتصادية والثقافية والتجارية والاجتماعية حتى غدا ذلك جزء عضويا في استراتيجياتها العامة[1] قوميا وعالميا، بحيث أصبح من الشائع بين الناس القول بأن حدود أوطان الأمم الحقيقية لا تحددها العوامل الجغرافية أو السياسية بقدر ما تحددها العوامل اللغوية من حيث سعة انتشار اللغة أو تقلصها. وبناء على ذلك، فإنه حدود أوطان الأمم إنما هي حدود لغتها، فحيثما تنتشر لغة أمة "ما" في بلاد عديدة فهي بشكل أو آخر امتدادا طبيعيا لنفوذها الثقافي والحضاري والفكري والروحي بل والاقتصادي والاجتماعي[2]. وقد قال الجنرال دوجول الفرنسي ذات مرة: "إن

1. راجع: أحمد عبد الحليم، الاجتماع التأسيسي لتخطيط التعاون الدولي لتنمية الثقافة العربية الإسلامية في الخارج، المجلة العربية للدراسات اللغوية، العدد الأول، السنة الأولى، أغسطس 1982م، معهد الخرطوم الدولي للغة العربية، الخرطوم، ص:171.
2. محى الدين صابر (الدكتور): قضايا نشر اللغة العربية والثقافة الإسلامية في الخارج، مرجع سابق، ص:16.

من يتحدث اللغة الفرنسية سوف يشتري البضاعة الفرنسية، ويتعصب لكل ما هو فرنسي"[1].

ومن هنا فإن الأمة التي تهمل لغتها أو تتقاعس عن عملية نشرها بين الناس هي أمة تحتقر في الواقع ذاتها، وتفرض على نفسها العزلة والتبعية الفكرية والثقافية لغيرها من الأمم الأخرى، لأن اللغة ليست إحدى العناصر المكونة للحضارة فحسب، ولكنها هي الأداة المعبرة عن تلك الحضارة وتناقلها وحفظها وانتشارها بين الناس.

وقد أثبتت اللغة العربية حيويتها وقدرتها على التطور والتجديد ومواكبة التطورات في مختلف العصور منذ أن تخرج من نطاق الصحراء وتعبيراتها الضيقة إلى عامل الحضارة الواسع لتعبر عن كل ما جد في هذا العالم الجديد من علوم وفنون ومصطلحات، ومن ثم، فهي قادرة على مواكبة التطور الحديث في عصرنا الحاضر (عصر العولمة).

وقد أصبحت اللغة العربية اليوم من جديد لغة عالمية كما كانت لغة عالمية منذ قرون مضت، وهي اليوم لغة رسمية في الهيئات والمنظمات الدولية. ولذلك فهي مطالبة بإحياء دورها الحضاري في التفاعل والحوار والتبادل الفكري والثقافي الخصب مع مختلف اللغات والثقافة المعاصرة في كل مناطق العالم، وبخاصة في مناطق العالم الإسلامي، ودول العالم الثالث في قارات آسيا وإفريقيا وأمريكا اللاتينية.

ومن هنا وجب نشرها في الصين لأنها تحمل في طياتها عوامل

---

1. تركي رابح عمامرة، مرجع سابق، ص:9.

انتشارها وذيوعها بين الناس ويستحق جهودنا المستمرة للمساهمة في هذه القضية البالغة الأهمية للشعب الصيني.

ثالثا- الجهود العربية لنشر اللغة العربية بين الناطقين بلغات أخرى داخل وخارج نطاق العالم العربي

وقبل الخوض في تخطيط شامل مقترح لنشر اللغة العربية، ترى الباحثة في هذا الصدد الوقوف على الجهود العربية المبذولة لنشر اللغة العربية بين المتحدثين بلغات أخرى داخل الوطن العربي وخارجه.

أ - جهودها في داخل الوطن العربي[1]

إن الحديث عن الجهود العربية التي تدخل في نطاق نشر اللغة العربية بين الناطقين بلغات أخرى داخل الوطن العربي، فلعل أول محاولة – حسب علم الباحثة– من نوعها في العالم العربي في هذا العصر هي محاولة "مدرسة الألسن" بالقاهرة في البحث عن طريقة ناجحة لتعليم العربية لغير العرب وتأليف الكتب الخاصة بالدارسين غير العرب وإجراء التجارب العملية على الطرق التعليمية والكتب الدراسية لاستخلاص الفائدة منها إلى غير ذلك.

---

1. أنظر في هذا الموضوع: تركي رابح عمامرة، مرجع سابق، ص:14، وتخطيط التعاون الدولي لتنمية الثقافة العربية الإسلامية في الخارج، (الاجتماع التأسيسي)، المنظمة العربية للتربية والثقافة والعلوم، محرم 1402هـ – نوفمبر 1981م، المجلد الثاني: 21.

كما يمكن في هذا الصدد الإشارة كذلك إلى مشروع الإذاعة المصرية لتعليم العربية بواسطة الراديو لغير العرب ومشروع المركز الثقافي التابع لوزارة الخارجية المصرية لتعليم الدبلوماسيين الأجانب اللغة العربية ومشروع الجامعة الأمريكية بالقاهرة لتعليم العربية لغير العرب من طلبة الجامعة المذكورة1.

ولم يبدأ الاهتمام الجدي على مستوى جامعي في معالجة قضايا نشر اللغة العربية في العالم إلا حوالي منتصف السبعينيات، حين أنشأت بعض الجامعات العربية السعودية ثلاثة معاهد للغة العربية متخصصة في تعليم العربية للناطقين بغيرها، وهي: معاهد اللغة العربية التابعة لجامعات الرياض والإمام محمد بن سعود الإسلامية2 بمدينة الرياض والملك عبد العزيز بمدينة جدة.

وقامت المنظمة العربية للتربية والثقافة والعلوم3 من جهتها في عام ١٩٧٤ بإنشاء "معهد الخرطوم الدولي للغة العربية" بهدف إعداد اختصاصيين في تعليم اللغة العربية للناطقين بلغات أخرى.

وقد قصدت المنظمة من وراء إنشاء هذا المعهد أن يكون بمثابة معمل ومختبر وجهاز نتائج لتغذية مشروعاتها الكبرى من الجوانب الفكرية

---

1. عبد السميع محمد أحمد، وآخر، طلاب العربية غير الناطقين بها ومشكلاتهم، السجل العلمي للندوة العالمية الأولى لتعليم العربية لغير الناطقين بها، مارس 1978م، الجزء الثالث، 1400هـ 1980م، جامعة الرياض، ص:41. وعلي الحديدي (الدكتور): مشكلة تعليم اللغة العربية، دار الكاتب العربي للطباعة والنشر، القاهرة، مايو 1966م، ص: 69—95.
2. تركي عامرة، مرجع سابق، ص:14.
3. دليل معهد الخرطوم الدولي للغة العربية للعام2000م.

الفصل الرابع

تخطيط شامل لنشر اللغة العربية في العصر الحديث

والفنية، العلمية والأطر المدربة، وأن ينهض بالتنسيق مع أجهزة المنظمة الأخرى بواجب نشر اللغة العربية وتأكيد عالميتها وعلميتها[1].

كما يذكر في هذا الصدد مجهودات "الاتحاد العالمي للمدارس الإسلامية" بالسعودية الذي قام بجهد كبير في تعليم العربية للمسلمين من غير العرب في آسيا وإفريقيا، وكذلك مجهودات معهد بورقيبة لتعليم اللغات الحية التابع للجامعة التونسية حيث يوجد له قسم خاص لتعليم العربية لغير العرب، وله تجربة معنية تستحق الدراسة للاستفادة منها في نشر اللغة العربية بين الناطقين بلغات أخرى.

وأما في الجزائر فإن المركز الجامعي للتعليم المكثف التابع لجامعة الجزائر المركزية يقوم منذ سنوات بجهد محمود لتعليم العربية بواسطة الوسائل السمعية والبصرية وغيرها للموظفين الجزائريين ذوي الثقافة الفرنسية الخالصة. وكذلك للأجانب الذين يرغبون في دراسة العربية من طلبة الجامعات وغيرهم كما يقوم بدورات تعليمية للبعثات العلمية الأوروبية في شهور الصيف التي ترسلها بعض الجامعات الأوروبية لتعليم اللغة العربية في الجزائر.

وتوجد في معظم الجامعات الجزائرية مخابر لغات لتعليم اللغة العربية للناطقين بغيرها للطلبة الأفارقة والآسيويين والأوروبيين الذين يتابعون دراستهم في الجامعات الجزائرية.

---

1. المجلة العربية للدراسات اللغوية، العددالأول، السنة الأولى، أغسطس1982م، ص:184.

وأما في العراق فإن "معهد تعليم العربية لغير الناطقين بها" التابع لكلية آداب الجامعة المستنصرية" في بغداد يقوم بجهد طيب في مجال تعليم العربية لغير العرب[1].

وفي الأردن هناك برنامج تعليم اللغة العربية لغير الناطقين بها يتبع قسم اللغة العربية بالجامعة الأردنية، وهناك أيضا "جامعة آل البيت" و"جامعة اليرموك" كل تقدم جهودا مشكورة في تعليم هذه اللغة لغير العرب[2].

وفي ليبيا تقوم جمعية الدعوة الإسلامية في طرابلس بدور فعال في تعليم العربية لغير العرب.

وفي دولة قطر تقوم جمعية معهد اللغات الأجنبية في جامعة قطر الذي يوجد به قسم لتعليم العربية لغير الناطقين بها بجهد يذكر في هذا المجال.

وفي القاهرة توجد مراكز لتعليم اللغة العربية للناطقين بلغات أخرى يقع في مدينة البعوث الإسلامية التابعة لجامعة الأزهر لتعليم اللغة العربية لطلبة الجامعة غير العرب من مختلف البلاد الإسلامية[3].

وفي المملكة العربية السعودية تقوم الجامعة الإسلامية في المدينة

---

1. أنظر مجلة: اليرموك، جامعة اليرموك، العددان الثالث والسبعون والرابع والسبعون، كانون أول، مرجع سابق، ص:105.
2. أحمد المهدي عبد الرحيم، البحث التربوي في تعليم اللغة العربية لغير الناطقين بها، المجلة العربية للدراسات اللغوية ، المرجع السابق، ص:149.
3. تخطيط التعاون الدولي لتنمية الثقافة العربية الإسلامية، مرجع سابق، ص:43.

الفصل الرابع

تخطيط شامل لنشر اللغة العربية في العصر الحديث

المنورة بجهد مشكور في تعليم اللغة العربية للطلاب غير العرب من أنحاء العالم وفي إعداد الدعاة للإسلام ونشر اللغة العربية في البلاد الإسلامية. كما توجد في السعودية نفسها جامعات أخرى تعني بتعليم اللغة العربية للناطقين بلغات أخرى مثل جامعة أم القرى بمكة المكرمة وغيرها من الجامعات1.

كما نذكر هنا جهودا فعالة يبذلها البنك الإسلامي للتنمية بجدة في تعليم موظفيها غير العرب اللغة العربية والثقافة العربية الإسلامية2.

وفي السودان يوجد كثير من معاهد تعليم اللغة العربية لغير العرب التابعة لبعض الجامعات، ولكل مجهودات تشكر لها في هذا المجال، على سبيل المثال: جامعة إفريقيا العالمية وجامعة الخرطوم وجامعة أم درمان الإسلامية وجامعة جوبا وجامعة السودان للعلوم التكنولوجيا وغيرها.

وأما في دولة الإمارات العربية المتحدة فتوجد مراكز محو الأمية وتعليم الكبار، كما يوجد المعهد العلمي بمدينة العين له باع في هذا المجال3.

وفي المغرب هناك كليتي الآداب والرباط وفاس يستفيد من الدراسة فيهما الدبلوماسيون والعاملون في الشركات أو الميدان التجاري ومدارس البعثة الفرنسية في نطاق البرنامج التعليمي تدرس العربية فيها كلغة

---

1. أنظر الموقع الآتي في الشبكة الدولية للمعلومات:
http://www.iu.edusa/arabi/uni/maahid/mahidtalimlugah.htm
2. أفادت الباحثة بذلك الأستاذ الدكتور خليل أحمد عمايرة في المقابلة التي أجراها معه في فندق مرديان، الخرطوم، مرجع سابق.
3. تخطيط التعاون الدولي لتنمية الثقافة العربية الإسلامية، مرجع سابق، ص:43.

153

أجنبية حية في هذه المدارس إلى جانب الإنجليزية والأسبانية والألمانية والإقبال عليها لا بأس به من التلاميذ الفرنسيين[1].

وبالجملة فإن معظم الجامعات في الوطن العربي بها برامج لتعليم اللغة العربية لغير العرب من طلبتها الأجانب فقط داخل العالم العربي وليست لها أية مراكز أو معاهد أو كليات لتعليم العربية لغير الناطقين بها في البلدان الأجنبية سواء في أوربا أو أمريكا أو آسيا أو إفريقيا وهو أمر مؤسف له أشد الأسف. وتقصير واضح منها في هذا المجال المهم من مجالات نشر اللغة العربية في العالم.

هذه — باختصار وتركيز — هي أهم بعض الجهود العربية لتعليم اللغة العربية لغير العرب وهي جهود متواضعة جدا وتنصب في مجملها على تعليم العربية فقط داخل أسوار الجامعات، ومحاولة استنباط طرق فعالة في تعليم العربية وتأليف كتب جديدة، واختيار نصوص ملائمة وبرامج عملية لتعليم العربية لغير العرب.

ويمكن اعتبار هذا العمل المتواضع بمثابة تمهيد أو أرضية لا بد منها كحقلة تجربة في سبيل الانطلاق بعد استكمال الشروط الموضوعية، وبعد وضع خطة عالمية على مستوى قومي عربي لنشر اللغة العربية في العالم.

---

1. المرجع مفسه، ص:58.

ب - الجهود العربية لنشر اللغة العربية بين الناطقين بغيرها خارج الوطن العربي

وأما الجهود العربية لنشر اللغة العربية خارج الوطن العربي فهي حتى الآن هي الأخرى جهود متواضعة للغاية بدورها.

وفي لندن مثلا، نجد أن هناك مركز مصري يسمى "بالمعهد الثقافي المصري " وله نشاط جيد في نشر اللغة العربية و ثقافتها، و قد تم إنشائه في لندن في عام ١٩٤٣، وزود بمكتبة قيمة تضم المراجع العربية والأجنبية[1].

ففي الجزائر، هناك برنامج بطموح موجه في الأساس للجزائريين في أوربا ينفذ في بعض الدول الأوروبية وفي مقدمتها فرنسا يهدف إلى تعليم أبناء الجزائريين في أوربا باللغة العربية ومبادئ الدين الإسلامي حفاظا على شخصيتهم العربية الإسلامية حتي لا يذوبوا في المحيط الأوروبي الموجودين فيه.

ومن المعلوم أن الجالية الجزائرية في أوربا في الثمانيات يبلغ تعدادها حوالي المليون نسمة وتقوم على تنفيذ هذا البرنامج الطموح "ودادية الجزائر بين أوربا" وهي إحدى المنظمات الجماهيرية التابعة لحزب جبهة التحرير الوطني الجزائرية وتقوم وزارات التربية الوطنية والخارجية مع الأدبية والرياضية والمكتبات والوسائل السمعية والبصرية من مخابر

1. علي الحديدي (الدكتور) : مشكلة تعليم اللغة العربية لغير العرب ، مرجع سابق ، ص:69.

استراتيجيات نشر اللغة العربية في الصين
في ظل العولمة وحوار الحضارات

ووسائل تعليمية مختلفة ... إلخ.

وفي البداية وجدت الجزائر معارضة قوية لهذا المشروع من بعض الأوساط الحاكمة في فرنسا ولكن الموقف الحازم الذي وقفته الحكومة الجزائرية من مسألة التعاون الثقافي بين البلدين بما فيه تعليم لغة وثقافة كل بلد في البلد الآخر، جعل الحكومة الفرنسية والجهات المعارضة ترضخ وتوافق على تدريس اللغة العربية في المدارس الابتدائية والثانوية الفرنسية لأبناء الجزائر والراغبين في دراستها من غير العرب، سواء كانوا فرنسيين أو من جنسيات أوروبية أخرى، وذلك خوفا على مركز الثقافة واللغة الفرنسية في الجزائر أن ينهار1، وتدرس اللغة العربية منذ عام ١٩٨٠ في المدارس الفرنسية الرسمية لمدة ثلاث ساعات في الأسبوع في المدارس الابتدائية والثانوية، كما يوجد في فرنسا حوالي أربعة عشر مركزا ثقافيا جزائريا مجهزة تجهيزا عصريا. تتوفر فيها الوسائل اللازمة لتعليم العربية للجزائريين المقيمين في فرنسا وغيرهم من غير العرب من مختبر لغوي وآلات عارضة للأفلام والصور وآلات تسجيل وتصوير واستنساخ وغير ذلك بالإضافة إلى مكتبة عربية في كل مرك. وقد افتتح مركزا ثقافيا عربيا جزائريا في باريس عند زيارة رئيس الجمهورية الجزائرية إلى فرنسا في أواخر عام ١٩٨٣.

أما المعلمون للغة العربية والمنشطون الثقافيون والموجهون، فإن

1. تركي رابح عمامرة ، مرجع سابق ، ص : 14.

الفصل الرابع

تخطيط شامل لنشر اللغة العربية في العصر الحديث

الجزائر تبعث بهم إلى فرنسا وتقوم بدفع رواتبهم وتشرف على نشاطاتهم التربوية والثقافية.

وقد وقفت حكومة المغرب تجاه الحكومة الفرنسية مثل ما وقفت الجزائر، حيث تمت الاتفاقية بين المغرب وفرنسا لابتعاث المعلمين المغاربة إلى فرنسا لتدريس أبناء المغرب اللغة العربية في داخل المدارس المغربية في فرنسا، وذلك في عام ١٩٧٩.

وهناك إلى جانب هذه المراكز مراكز ثقافية عربية أخرى تابعة لحكومات عربية مثل :

حكومة تونس والمغرب ولبنان والسعودية وغيرها. كما توجد مراكز عربية في عواصم أوروبية أخرى من جملة مهامها تعليم العربية لغير الناطقين بلغات أخرى، والتعريف بالثقافة العربية والحضارة الإسلامية في حدود ضيقة للغاية في معظم الأحيان.

وهناك إلى جانب المراكز الثقافية العربية التي تنشر اللغة العربية بين غير العرب في بعض عواصم العالم في حدود ضيقة مثل برنامج اليكسو وهو "مشروع تنمية تدريس اللغة العربية والثقافة العربية في مدارس التعليم العام والمعاهد والكليات الجامعية في باكستان".

وهناك مجهودات عديدة كذلك للطلاب العرب الذين يدرسون في خارج الوطن العربي مثل أمريكا وأوربا وغيرها في العالم في مجال نشر تعليم اللغة العربية والثقافة الإسلامية عبر فتح أبواب تعليم العربية لأبناء الجاليات العربية ولكل من له رغبة في تعليمها.

استراتيجيات نشر اللغة العربية في الصين
في ظل العولمة وحوار الحضارات

وقبل الاختتام في هذا الصدد، ترى الباحثة ضرورة ذكر جهود بعض جامعات الدول العربية في تأسيس فروع تابعة لها مثل : جامعة الإمام محمد بن سعود في السعودية التي لها فروع كثيرة خارج الوطن العربي، كما في تايلند وإندونيسيا وغيرها، وكذلك جهودها في إقامة دورات صيفية في البلاد غير العربية والتي توجد مثلها في الجامعة الإسلامية بالمدينة المنورة التي تعقد في كل سنة دورات صيفية في الأقطار غير العربية مثل أمريكا وتايلند وإندونيسيا وباكستان ونيجيريا، وتقام حاليا في أكثر من أربعة أماكن موزعة في بعض الولايات النيجيرية.

المبحث الثاني تخطيط شامل لنشر اللغة العربية في العصر الحديث[1]

بعد أن تعرفنا على الجهود العربية المبذولة في نشر اللغة العربية لغير العرب في داخل الوطن العربي وخارجه، ترى الباحثة التطرق إلى قضية التخطيط لنشر اللغة العربية في العالم وهي قضية أساسية لكل

---

[1]. لقد استفادت الباحثة في وضع هذا التخطيط – إضافة إلى ما عنده من المعلومات – من الذين أخرى معهم المقابلة.

158

الفصل الرابع

تخطيط شامل لنشر اللغة العربية في العصر الحديث

عمل يراد له النجاح.

ويمكن أن يكون هذا التخطيط في ثلاثة أطر لنشر اللغة العربية في العالم هي كما يلي:

خطة قصيرة المدى؛ خطة متوسطة المدى؛ خطة بعيدة المدى.

أولا- خطة قصيرة المدى لنشر اللغة العربية في العالم

تقتصر هذه الخطة على توفير الوسائل الضرورية لنشر اللغة العربية في العالم وذلك عن طريق ما يلي:

(١) تنسيق التعاون التام بين المؤسسات العربية والجامعات في الدول العربية وخارجها التي تعني بتعليم اللغة العربية والثقافة الإسلامية في العالم وتوحيد الجهود بينها.

(٢) إجراء الدراسات والبحوث في البلدان الإسلامية التي يراد نشر اللغة العربية في ربوعها لمعرفة احتياجاتها الحقيقية في هذا البلدان؛ لأن كثيرا من البلاد الإسلامية ينتشر فيها تعليم اللغة العربية والثقافة الإسلامية.

(٣) إجراء البحوث التربوية لمعرفة القاسم اللغوي المشترك بين العربية واللغات الإسلامية، لأن كل اللغات الإسلامية تقريبا تنتشر بها مفردات عربية قد تصل إلى ٤٠٪ من جملة قاموس هذه اللغات.

159

وتجدر الإشارة هنا إلى ما يقوم به معهد الخرطوم الدولي للغة العربية في هذا المجال من إجراء مثل هذه البحوث، ويا حبذا لو اعتسيت بها بالنشر بعد التنقيح حتى يستفيد منها العالم، ومثلها توجد كذلك في معهد اللغة العربية بجامعة الإمام محمد بن سعود بالسعودية وغيرها من المؤسسات المتخصصة في إعداد معلمي اللغة العربية لغير العرب.

(٤) تكوين معاهد لغوية متخصصة على غرار معهد الخرطوم الدولي للغة العربية ومعهد الإمام محمد بن سعود الإسلامية من أجل إعداد الخبراء والباحثين في تعليم اللغة العربية لغير الناطقين بها، من أجل إجراء الدراسات اللغوية المقارنة ودراسة تجارب الدول المتقدمة في مسألة نشر لغاتها وثقافتها في العالم ... إلخ.

(٥) إعداد برامج متنوعة وملائمة لكل فئات الدارسين: أطفال؛ شباب؛ موظفين؛ رجال أعمال؛ دبلوماسيين؛ كبار.

(٦) الشروع في بناء العلاقة مع المراكز الثقافية في مختلف عواصم العالم وتجهيزها بكل ما تحتاج إليه من كتب ووسائل إيضاح سمعية وبصرية وآلات نسخ ومخابر لغوية إلى غير ذلك.

(٧) البحث عن طرق تدريس فعالة تتناسب مع مستويات الدارسين الناطقين بغير العربية.

(٨) إعداد معاجم لغوية ثنائية اللغة مثل عربية – إفريقية

الفصل الرابع

تخطيط شامل لنشر اللغة العربية في العصر الحديث

وإفريقية – عربية وعربية آسيوية والعكس.

(٩) العمل على أن تعود اللغات الإسلامية التي سبق أن استبدلت بالحرف العربي الحرف اللاتيني إلى الكتابة بالعربية من جديد بهدف إعادة الصلة القديمة التي فصمها الاستعمار أو بعض ضحايا الغزو الثقافي الأوروبي من المسلمين.[1]

(١٠) تكوين مؤسسات عربية للترجمة والتعريب والتأليف والنشر موزعة على العواصم العربية الكبرى. ومن مهامها الأساسية إعداد الكوادر العربية العالية المستوى في فن العربية الكبرى.

ومن مهامها الأساسية إعداد الكوادر العربية العالية المستوى في فن الترجمة إلى اللغات الأجنبية، وتعمل على نقل أفضل الإنتاج الفكري العربي القديم منه والحديث إلى اللغات الأجنبية الرئيسية لتعريف الناطقين بغير العربية على روائع الفكري العربي ومدى إسهام الحضارة العربية الإسلامية في التراث الإنساني الحضاري على مر العصور.

(١١) تكوين مجلس ثقافي عربي أعلى لنشر اللغة العربية في العالم.

(١٢) تكوين اتحادات قطرية لنشر اللغة العربية والثقافة العربية

مثل:

---

1. ولعل من ذلك ما قام به معهد الخرطوم الدولي للغة العربية بالتعاون مع البنك الإسلامي بجدة من إقامة ندوة: كتاب اللغات الإفريقية بالحرف العربي، وقد حضر الندوة كثير من العلماء في أنحاء العالم، وذلك في خلال 29-- 31 من شهر ديسمبر للعام 2001م.

161

الاتحاد العربي الاندونيسي؛ الاتحاد العربي النيجيري؛ الاتحاد العربي السنغالي لنشر اللغة العربية إلى آخر الاتحادات القطرية، بحيث يكون في كل بلد يراد نشر اللغة العربية فيه اتحاد قطري مشترك بين العرب وأبناء البلاد من أجل مساعدة العاملين على نشر اللغة العربية بين غير العرب من أهل تلك البلاد.

(١٣) تخصيص منح دراسية سخية موزعة على مختلف الجامعات العربية لطلاب منتقين من مختلف بقاع العالم وتكوينهم تكوينا خاصا حتى يكونوا قادرين على تدريس العربية بفعالية وكفاءة في بلادهم بعد نهاية دراستهم في الجامعات العربية.

ثانيا- الخطة متوسطة المدى لنشر اللغة العربية في العالم

وفي هذه الخطة يجب أن ينطلق العمل في نشر اللغة العربية في العالم وذلك على النحو التالي:

(١) الانطلاق في ترجمة عيون التراث العربي الإسلامي وعيون الإبداع الفكري العربي المعاصر إلى اللغات الأجنبية وفق علمية مدروسة.

(٢) العمل على إنجاز موسوعة فنون العربية الإسلامية.

(٣) العمل على إنجاز موسوعة الحضارة الإسلامية.

(٤) العمل على إنجاز موسوعة تاريخ العلوم العربية الإسلامية.

(٥) العمل على إنجاز دائرة المعارف العربية الإسلامية.

(٦) الانطلاق في تكوين علاقة من مدارس تعليم اللغة العربية لغير الناطقين بلغات أخرى في مناطق استراتيجية مختارة في قارات العالم.

(٧) تكوين مؤسسات عربية لتأليف الكتب المدرسية وطباعتها وتوزيعها على مراكز ومدارس تعليم العربية لغير العرب في مختلف بلاد العالم.

(٨) العمل على نشر التراث الإسلامي باللغات الإسلامية المكتوبة بالحرف العربي التي استبدل أصحاب الحرف اللاتيني بالحرف العربي، وذلك إحياء لصلة التواصل العربي الإفريقي والعربي الإسلامي.

(٩) استغلال الوجود العربي في البلاد الأجنبية لنشر اللغة العربية مثل: الجاليات العربية في أوربا وآسيا وأمريكا. والطلبة العرب الذين يدرسون في الجامعات الأجنبية وهم يقدرون بعشرات الآلاف ومن كل أقطار الوطن العربي.

(١٠) تنسيق التعاون بين المنظمات العربية والمنظمات الإسلامية مثل المنظمة العربية للتربية والثقافة والعلوم والمنظمة الإسلامية للتربية والعلوم والثقافة ومنظمة المؤتمر الإسلامية وغيرها.

(١١) تقديم المساعدة المادية للكتاتيب القرآنية المنتشرة بكثرة في البلدان الإسلامية وفي إفريقيا الإسلامية الفقيرة، لأن تلك الكتاتيب تحقق

هدفين في وقت واحد: الهدف الأول هو حفظ القرآن الكريم ونشر الإسلام بين الوثنيين في إفريقيا، أما الهدف الثاني، فهو تعريب المتعلمين الذين يدرسون القرآن الكريم منذ الصغر.

(١٢) تقديم المساعدات المادية للجمعيات الدعوية الإسلامية وتزويدها بالكتب والمعلمين الأكفاء.

(١٣) الاتفاق على تسمية المدارس العربية في أوربا وأمريكا وأستراليا واليابان والعالم الإسلامي بأسماء رموز الثقافة العربية الإسلامية، والأعلام العربية الإسلامية مثل ابن تيمية؛ ابن رشد الخليل؛ سيبويه وغيرهم.

ثالثا- الخطة بعيدة المدى لنشر اللغة العربية في العالم

وفي هذه الخطة يجب الانتقال إلى مرحلة متقدمة في عملية نشر اللغة العربية في العالم، وتهدف هذه الخطة إلى جعل اللغة العربية في نهاية المطاف هي اللغة الدولية بالنسبة إلى العالم الإسلامي كله باعتبارها لغة القرآن الكريم، وبالتالي الدين الإسلامي كما تهدف إلى أن تصبح العربية هي اللغة السائدة والأساسية في القارة الإفريقية باعتبار أنه لا توجد لغة إفريقية خالصة تنافس اللغة العربية في هذا الميدان.

إنه من المخجل حقا أن يتفاهم مسلم مع مسلم آخر في المؤتمرات التي تعقد في البلاد الإسلامية عربية أو غير عربية عن طريق لغة أجنبية

عنهما من أن هذه المؤتمرات يعقد في الغالب تحت شعار الأخوة الإسلامية أو الرابطة الإسلامية.

ومن المؤسف جدا أن يشارك بعض الوزراء والمسؤولين في المؤتمرات الدولية أو الاجتماعات الدولية فهم يتحدثون بلغة غير اللغة العربية كأن لغتهم العربية لا تواكب المكان والعصر!

أما اللغات الإنجليزية والفرنسية والبرتغالية والإيطالية، فهي لغات أجنبية وليست وطنية للبلاد الإفريقية، ومن ثم، لا يمكنها أن تنافس اللغة العربية باعتبار اللغة العربية لغة إفريقية يتكلمها أكثر من مائة مليون نسمة من العرب الأفارقة، وهي اللغة الإفريقية والآسيوية الوحيدة التي أصبحت لغة رسمية في الأمم المتحدة، والمنظمات الدولية التابعة لها، وكذلك مجلس الأمن ومنظمة الوحدة الإفريقية كما سبق، ما عدا اللغة الصينية وهي لغة آسيوية فقط.

وينبغي عند الشروع في تنفيذ الخطة البعيدة المدى مراعاة الأمور الآتية:

أ- في بلدان العالم الإسلامي في آسيا وإفريقيا

(١) يجب العمل على الوصول إلى مرحلة تصبح اللغة العربية فيها هي اللغة الثانية في التعليم في مختلف المراحل في البلدان الإسلامية بعد اللغات الوطنية.

تأسيس جامعات عربية في مناطق ملائمة من أقطار العالم

الإسلامي لكي يواصل فيها المتعلمون من غير العرب بالعربية دراستهم العالية في بلادهم. وتقترح الباحثة أن تنشأ هذه الجامعات العربية في المناطق التالية:

(٢) جامعة عربية في الهند لخدمة أبناء باكستان وبغلاندش والهند وجمهوريات الاتحاد السوفيتي الإسلامية وأفغانستان وإيران.

(٣) جامعة عربية في إندونيسيا لخدمة أبناء إندونيسيا وماليزيا والفلبين وسنغافورة وبورما وتايلاند والهند واليابان وسيريلانكا.

وينبغي أن تتوافر بعض الشروط المادية في تلك الجامعات، وعلى رأسها أن يكون التعليم بها داخليا ومجانيا بمسابقة بين الراغبين في الدخول إليها. وذلك من أجل توفير كل الشروط الضرورية لراحة الطالب الدراسية، وأن تحظى فيها الدراسات العربية والإسلامية بالنصيب الأوفر، بالإضافة إلى وجود كليات علمية كالطب والهندسة والعلوم والفلاحة والتجارة والاقتصاد والحاسوب ... إلخ. حتى يقبل المتعلمون على الالتحاق بها ويلمس المسؤولون سواء كانوا في آسيا أو إفريقيا الفائدة العلمية والعملية للجامعة العربية في بلادهم حيث زيادة عن نشر العربية والثقافة الإسلامية فهي تخدم قضية التنمية الاجتماعية والاقتصادية لبلادهم.

ب ـ تأسيس جامعات في بلدان العالم الثالث غير الإسلامية

وهي البلاد التي يقبل بعض أبنائها على دراسة العربية كلغة ثانية

أو ثالثة أو الذين يتابعون دراستهم في المدارس: مدارس ابن رشد أو مدارس الخوارزمي العربية، فيمكن تأسيس هذه الجامعات أولا أن تكون إحداها في آسيا، مثل مدينة سنغافورة باعتبارها مدينة في دولة صغيرة وتتبع النظام الحر في الاقتصاد والتجارة لخدمة طلبة آسيا من غير المسلمين الذين يرفضون الالتحاق بالجامعات العربية الإسلامية في بلدان العالم الإسلامي.

وأما أخرى فيمكن تأسيسها في إحدى دول أمريكا اللاتينية لخدمة من يرغب من أبنائها في دراسة اللغة العربية والثقافة العربية.

جـ ـ تأسيس جامعات عربية في بلدان العالم المتقدم

أما في البلدان الصناعية أو المتقدمة، فترى الباحثة تكوين جامعات كأن تكون جامعة في أوربا، ويمكن جعلها في مدينة جنيف في سويسرا أو فيينا في النمسا على أن يقتصر التدريس فيها على اللغة العربية وعلومها والثقافة الإسلامية وعلومها وبعض اللغات الأوروبية الحية كالإنجليزية والفرنسية والألمانية بحيث تعمل الجامعة المذكورة في إطار "الحوار بين الحضارات".

أما جامعة أخرى فتقترح الباحثة أن يكون تأسيسها في الولايات المتحدة الأمريكية في إحدى المدن التي لا تكثر فيها جاليات يهودية ذات توجه صهيوني، تقتصر الدراسة فيها على اللغة العربية والثقافة العربية الإسلامية في نطاق "الحوار بين الحضارات" أيضا. وتقترح الباحثة أيضا أن تكون جامعات في بريطانيا وألمانيا على النمط المذكور وأن تجرى فيها

استراتيجيات نشر اللغة العربية في الصين
في ظل العولمة وحوار الحضارات

البحوث العربية الإسلامية.

هذه ما تراها الباحثة في التخطيط لنشر اللغة العربية في العالم، ولعل يرى بعض الناس فيها خطة طموحة جدا وغير عملية نظرا لوضعية العالم العربي والإسلامي الممزق في الوقت الحاضر، ولكن أية نهضة طموحة ليس فيها جانب يبدو فيه بعض الخيال وغير الواقعية لدى بعض الناس، ولكنها عند ذوي الإرادة والعزم والطموح، سهلة التنفيذ وليس فيها أي خيال أو طموح غير معتاد في مثل هذا القضايا القومية المهمة[1].

وتبادر الباحثة إلى القول بأنها لم تذكر فترة زمانية محددة لكل خطة من الخطط الثلاث، لأنه في رأيها من الصعوبة بمكان تحديد فترة معينة لعمل جليل يستغرق تنفيذه أجيالا عديدة وعملا متواصلا من أجل تحقيقه. ولا تملك المعلومات الكافية عن الإمكانيات البشرية والمادية لتحقيق هذه الرسالة القومية والدينية الجليلة في أوقات محددة[2].

---

1. يمكن الاستفادة من تجارب الدول الأجنبية في نشر لغاتها في العالم العربي، بعد دراسة تلك التجارب بكل عمق وموضوعية، مثل:

(1)- تجربة المجلس الثقافي البريطاني لنشر اللغة الإنجليزية في الخارج.
(2)- تجربة الوكالة الأمريكية للمعلومات لنشر اللغة الإنجليزية في الخارج.
(3)- تجربة مؤسسة "كرديف" لنشر اللغة الفرنسية في الخارج.
(4)- تجربة "معاهد غوتة" لنشر اللغة الألمانية في الخارج.
(5)- تجربة روسيا في نشر لغتها في الخارج عن طريق المراكز الثقافية.
(6)- تجربة إيطاليا وأسبانيا في نشر لغتها في الخارج.

إلى غير ذلك من التجارب اللغوية والثقافية الناجحة في العالم المواكب لهذا العصر الذي يعرف بعصر المعلومات والعولمة.

2. لمزيد من المعلومات في قضية خطط لنشر اللغة العربية أنظر تركي رابح عمامرة، مرجع سابق، ص:25-31.

الفصل الرابع
تخطيط شامل لنشر اللغة العربية في العصر الحديث

المبحث الثالث الخطة الدراسية المقترحة لتعليم اللغة العربية[1]

أولا- الخطة الدراسية: المستوى الأول

الجدول رقم ٤-١ المهارات الأربع :القراءة؛ الكلام؛ الكتابة؛ الاستماع

الرقم	اسم المقرر	عدد الساعات
١	القراءة	٨
٢	الكلام	٧
٣	الكتابة	٦
٤	الاستماع	٥
٥	مجموع الساعات	٢٦

الجدول رقم ٤-٢ مهارة القراءة للمستوى الأول

اسم المقرر: القراءة2	رقم المقرر ورمزه
المستوى: الأول	عدد الساعات: ٨

1. مستعينا من برامج التعليم اللغوي في جامعة إفريقيا العالمي.
2. سلسلة اقرأ: الكتاب الأساسي لتعليم اللغة العربية لغير الناطقين بها، الجزء الأول، جامعة أم القرى، مكة المكرمة.

أ ـ أهداف المقرر

يهدف هذا المقرر إلى جعل المتعلم قادرا على:

(١) القراءة من اليمين إلى اليسار.

(٢) الربط بين الرمز الكتابي والصوت الذي يعبر عنه.

(٣) إخراج الأصوات من مخارجها الصحيحة أثناء القراءة.

(٤) تحقيق صفات الصوت أثناء قراءته.

(٥) تمييز الأصوات المتشابهة في قراءته.

(٦) مراعاة أثر بعض علامات الترقيم في النطق أثناء قراءته.

(٧) استخدام النبر والتنغيم أثناء قراءته.

(٨) فهم ما يقرأ في حدود ذخيرته اللغوية.

(٩) أن ينمي ذخيرته من المفردات والتراكيب.

ب ـ توصيف المقرر[1]

يركز المقرر في هذا المستوى على تنمية قدرات المتعلم على القراءة الصحيحة وتنمية معلوماته عن طريق نصوص في شكل حوارات أو سرد

---

1. المرجع في تعليم اللغة العربية للناطقين بلغات أخرى، د.رشدي أحمد طعيمة، مطابع أم القرى هـ 1406.

تتناول البيئة المحيطة به، مثل: الدراسة، السكن، الطعام... بحيث تتدرج من السهولة إلى الصعوبة. ويكون نص القراءة هو النص المحوري والأساس الذي تدور حوله المهارات الأخرى مصحوبا بتدريبات تعالج النطق الصحيح على مستوى الصوت والكلمة والجملة، كما يركز على مهارات القراءة الجهرية والصامتة بصورة صحيحة.

جـ ـ مفردات المقرر [1]

(١) التحايا والتعارف: صيغ التحايا؛ الجنسيات؛ المهن؛ الاستقبال؛ الوداع؛ الشكر ...

(٢) الدراسة: حجرة الدراسة ومحتوياتها مع المدرس؛ مع الطلاب.

(٣) الأسرة: أفراد الأسرة؛ علاقاتها داخل البيت؛ وظائف الافراد؛ زيارة.

(٤) البيت: وصف البيت؛ نوع الملكية؛ الأثاث.

(٥) الطعام والشراب: أنواع الأطعمة؛ المطبخ وأدواته؛ وجبات الطعام؛ أوقات الوجبات؛ المشروبات الباردة والساخنة وأنواعها.

(٦) السوق: البقالة؛ الملابس؛ الأحذية؛ الملحمة؛ الخضروات؛ المكتبة؛ المصرف.

---

1. د.محمود كامل الناقة، تعليم العربية للناطقين بلغات أخرى، مطابع أم القرى، هـ 1406.

(٧) المستشفى: مع الطبيب؛ المعمل؛ الأشعة؛ الصيدلية.

(٨) السفر: وسائل النقل؛ الحجز؛ المطار وصالاته.

(٩) حديقة الحيوانات: أسماء بعض الحيوانات؛ أنواع الحيوانات: أليفة، متوحشة.

(١٠) العدد والزمن: الأعداد من ١-١٠ ألفاظ العقود؛ مائة وألف ومليون؛ الزمن: صباح، مساء، ظهر ... الساعة وأقسامها: ساعة، دقيقة، ثانية.

الجدول رقم ٤-٣ مهارة القراءة للمستوى الأول

اسم المقرر: الكلام	رقم المقرر ورمزه
المستوى: الأول	عدد الساعات: ٧ ساعات

أ - أهداف المقرر

يهدف هذا المقرر إلى جعل المتعلم قادرا على:

(١) نطق الأصوات العربية نطقا صحيحا.

(٢) التمييز بين أصوات اللغة عموما والمشابهة خاصة.

(٣) استخدام التنغيم والنبر الصحيح للغة العربية أثناء الكلام.

(٤) استخدام العبارات المتعلقة بالمواقف الحياتية اليومية.

(٥) تبادل الحديث مع غيره في حدود ما تعلم.

(٦) التعبير عن حاجته الأساسية باللغة العربية.

ب - وصف المقرر

الكلام في هذا المستوى يراعى فيه أن يقدم المتعلمين الجدد، ولذلك فإنه يرتكز على حوارات قصيرة ترتبط بمواقف الحياة اليومية وما يتوقع أن يتعرض له المتعلم منها ويحتاج للتعبير عنها، فتقدم له نماذج من المحادثة في هذه المواقف ليتمكن من محاكاتها على أن تشتمل على الحد الأدنى من المفردات والتراكيب والمصطلحات التي تمكنه من التفاهم مع غيره على أن تكون متدرجة من السهولة إلى الصعوبة ومن الموقف البسيط إلى المركب، كما تتصل بها تدريبات يكون هدفها الرئيسي هو تعزيز ما تعلمه من تلك المواقف، وكل ذلك مرتبط بالنص المحوري الأساسي.

جـ - مفردات المقرر

(١) التحايا والتعارف: صيغ التحايا؛ الجنسيات؛ المهن؛ الاستقبال؛ الوداع؛ الشكر ...

(٢) الدراسة: حجرة الدراسة ومحتوياتها، مع المدرس، مع الطلاب.

(٣) الأسرة: أفراد الأسرة؛ علاقاتها داخل البيت؛ وظائف الافراد؛ زيارة ...

(٤) البيت: وصف البيت؛ نوع الملكية؛ الأثاث ...

(٥) الطعام والشراب: أنواع الأطعمة؛ المطبخ وأدواته؛ وجبات الطعام؛ أوقات الوجبات؛ المشروبات الباردة والساخنة وأنواعها.

(٦) السوق: البقالة؛ الملابس؛ الأحذية؛ الملحمة؛ الخضروات؛ المكتبة؛ المصرف.

(٧) المستشفى: مع الطبيب؛ المعمل؛ الأشعة؛ الصيدلية.

(٨) السفر: وسائل النقل؛ الحجز؛ المطار وصالاته.

(٩) حديقة الحيوانات: أسماء بعض الحيوانات؛ أنواع الحيوانات: أليفة، متوحشة.

(١٠) العدد والزمن: الأعداد من ١-١٠ ألفاظ العقود؛ مائة وألف ومليون؛ الزمن: صباح؛ مساء؛ ظهر ... الساعة وأقسامها ساعة؛ دقيقة؛ ثانية.

الجدول رقم ٤-٤ مهارة الكتابة للمستوى الأول

اسم المقرر: الكتابة1	رقم المقرر ورمزه
المستوى: الأول	عدد الساعات: ٦ ساعات

1. المرجع في الكتابة العربية، د.رياض صالح جنزري، محمد حامد سليمان، طبعة جامعة أم القرى، مكة المكرمة.

أ ـ أهداف المقرر

يهدف هذا المقرر إلى جعل المتعلم قادرا على:

(١) الكتابة من اليمين الى اليسار.

(٢) الوصل الصحيح بين الحروف في الكتابة.

(٣) الربط بين الصوت ورمزه الكتابي.

(٤) رسم الحروف العربية في أوضاعها المختلفة في أول الكلمة وفي وسطها وفي آخرها ومفردة ومتصلة.

(٥) الكتابة بخط النسخ.

(٦) استخدام بعض علامات الترقيم.

(٧) كتابة الإملاء المنقول والمنظور والاختباري في حدود ما درس.

بـ ـ توصيف المقرر[1]

يتضمن هذا المقرر أسس الكتابة العربية عن طريق نماذج مكتوبة تقدم له، فيبدأ بمحاكاتها ثم يتدرج المقرر في تقديم بعض قواعد الكتابة بطريقة وظيفية دون الإشارة إلى مصطلحاتها وبعد إتقانه لكتابة الحروف والكلمات والجمل عن طريق المحاكاة ويدرب على أنواع الإملاء

---

1. الإملاء الوظيفي، أ. عمر سليمان، جامعة الملك سعود.

وتنقسم إلى: الإملاء المنقول؛ الإملاء المنظور؛ الإملاء الاستماعي؛ الإملاء الاختباري.

جـ ـ مفردات المقرر

(١) الحروف ومواقعها: في أول الكلمة وفي وسطها وفي آخرها.

(٢) موقع الحرف في السطر: فوقه؛ تحته؛ وسطه.

(٣) الحروف التي تتصل بما قبلها وما بعدها.

(٤) الحروف التي لا تتصل بما بعدها.

(٥) الحركات القصيرة والطويلة.

(٦) الحروف التي تكتب ولا تنطق.

(٧) الحروف التي تنطق ولا تكتب.

(٨) التنوين.

(٩) الشدة.

(١٠) اللام القمرية واللام الشمسية.

(١١) التاء المربوطة والتاء المفتوحة.

(١٢) بعض علامات الترقيم: النقطة الفاصلة؛ علامة الاستفهام.

(١٣) تدريبات على الإملاء بأنواعها: المنقول والمنظور والاختباري.

الفصل الرابع
تخطيط شامل لنشر اللغة العربية في العصر الحديث

الجدول رقم ٤-٥ مهارة الاستماع للمستوى الأول

اسم المقرر: الاستماع1	رقم المقرر ورمزه
المستوى: الأول	عدد الساعات: ٥ ساعات

أ ـ أهداف المقرر

من المتوقع لمن يكمل هذا المقرر أن يكون قادرا على

(١) التعرف على الأصوات العربية.

(٢) التمييز بين الأصوات العربية.

(٣) إخراج الأصوات العربية من مخارجها الصحيحة.

(٤) ملاحظة صفات كل صوت عربي وتمييزه.

(٥) نطق الكلمات العربية التي يسمعها من حيث مواقع النبر.

(٦) معرفة تنغيم الجملة العربية وأثره في المعنى: الاستفهام؛ التعجب؛ الحزن؛ الفرح ...

(٧) فهم ما يسمعه من كلام.

(٨) الاستجابة والتفاعل مع ما يسمعه من حديث.

---

1. فهم المسموع، ناصف مصطفى عبد العزيز وآخر، إدارة شؤون المكتبات، جامعة الملك سعود.

(٩) إدراك العلاقة بين الصوت المسموع ورمزه المكتوب.

(١٠) تكوين عادات سمعية يألفها عند سماعه للغة.

(١١) معرفة الحركات الطويلة والقصيرة والتمييز بينها.

(١٢) فهم معاني التراكيب التي درسها بمجرد سماعها.

(١٣) الاستماع ونطق الأصوات العربية وكتابة حروفها.

(١٤) فهم التعبيرات اليومية كالتحايا وعبارات المجاملة.

(١٥) إدراك صوت التاء المربوطة عند الوقف والشدة و"ال" الشمسية و"ال" القمرية والتنوين.

ب ـ توصيف المقرر

تتكون مادة هذا المقرر من مادة مسموعة مرتبطة بما درسه في المقررات الأخرى وبالنص الأساسي على وجه الخصوص، وتقدم هذه المادة بصورة متدرجة من الأصوات ثم المفردات حتى يصل إلى العبارات والجمل البسيطة والفقرات في حدود العناصر اللغوية المقررة. كما يراعي المقرر تعزيز المادة المقدمة بتدريبات تعالج مشكلات الاستماع المختلفة.

ج ـ مفردات المقرر1

---

1. سلسلة تعليم اللغة العربية لغير الناطقين بها، جامعة أم القرى، الكتاب الأساسي، الجزء الأول.

تقدم نصوص لها علاقة بموضوعات النصوص الأساسية بحيث تشمل: التحايا والتعارف؛ الدراسة؛ الأسرة؛ البيت؛ الطعام والشراب؛ السوق؛ المستشفى؛ السفر؛ العدد والزمن؛ الإسلام.

ثانيا- الخطة الدراسية: المستوى الثاني

الجدول رقم ٤-٦ المهارات الأربع للمستوى الثاني

الرقم	اسم المقرر	عدد الساعات
١	الاستماع	٤
٢	الكلام	٣
٣	القراءة	٦
٤	الكتابة	٥
٥	النحو	٣
المجموع		٢١

الجدول رقم ٤-٧ مهارة الاستماع للمستوى الثاني

اسم المقرر: الاستماع[1]	**رقم المقرر ورمزه**
المستوى الثاني	عدد الساعات: ٤

أ - أهداف المقرر

يهدف هذا المقرر إلى جعل المتعلم قادرا على:

(١) فهم ما يستمع إليه من حديث عن مراقف الحياة التي تمر به إذا قيل بالسرعة العادية لأهل اللغة.

(٢) الاستماع إلى التراكيب اللغوية المقدمة في مقرر المستويين الأول والثاني وفهمها.

(٣) إدراك بعض التغيرات في المعنى الناتجة عن تعديل أو تحويل في بنية الكلمة.

(٤) إدراك استخدام اللغة العربية لأزمنة الفعل التي قدمت له.

(٥) إدراك السياق الشفوي للقسم.

(٦) تنمية الرغبة في الاستماع إلى اللغة العربية في حدود ما درس.

(٧) الاستماع إلى نصوص باللغة العربية.

---

1. فهم المسموع، ناصف مصطفى عبد العزيز وآخرون. ط – جامعة الملك سعود.

الفصل الرابع

تخطيط شامل لنشر اللغة العربية في العصر الحديث

بـ ـ توصيف المقرر

تقدم هذا المقرر نصوصا مستقاة من الموضوعات القرائية المكونة للكتاب الأساسي لهذا المستوى، وإجراء التدريبات المناسبة لمهارة الاستماع كتدريبات التعرف والتمييز والاختيار والتنبؤ وغيرها في حدود ما درسه.

جـ ـ مفردات المقرر

يحتوي هذا المقرر على نصوص قصيرة تتكون من فقرة أو فقرتين، وتتدرج في طولها مستوحاة من الموضوعات التي درسها والتي اشتمل عليها الكتاب الأساسي الثاني في حدود معجمه اللغوي، وتعقبها تدريبات مكثفة ومتنوعة تناسب طبيعة مقرر مهارة الاستماع.

الجدول رقم ٤-٨ مهارة الكلام للمستوى الثاني

رقم المقرر ورمزه	اسم المقرر: الكلام1
عدد الساعات: ٣	المستوى: الثاني

أ ـ أهداف المقرر

يهدف هذا المقرر إلى جعل المتعلم قادرا على:

(١) تنمية قدرته على التمييز في النطق بين الأصوات المتقابلة والمتشابهة في اللغة العربية.

---

1. كتاب التعبير للمستوى الثاني: سلسلة تعليم اللغة العربية لغير الناطقين بها – جامعة الإمام محمد بن سعود الإسلامية.

181

(٢) الاتصال مع غيره والتعبير عن أفكاره في حدود معجمه اللغوي.

(٣) تنمية قدرته على استخدام النبر والتنغيم في الدعاء والنهي والاستفهام.

(٤) تنمية قدراته على تبادل المفردات والتراكيب التي تعلمها مع غيره في كلام متصل وفي سياقات متنوعة، مواقف جديدة بصورة أوضح.

(٥) استخدام التذكير والتأنيث استخداما صحيحا.

(٦) استخدام أدوات الربط بين جملتين.

(٧) تكوين جمل من كلمات؛ تكوين فقرة من عبارات وجمل.

(٨) التعبير عن حاجاته الاتصالية في حدود ما تعلمه.

(٩) التدريب شفويا وتحريريا.

بـ - توصيف المقرر

يقدم للمتعلم في هذا المستوى الكلام الموجه من خلال القصة أو الموضوع المستوحي من مفردات الكتاب الأساسي، ويدرب شفويا وتحريريا على الكلام، وأنواع التدريبات المقترحة للكلام شفويا وتحريريا هي:

(١) الأسئلة والأجوبة المتعلقة بالصورة أو الصور.

(٢) إكمال الجمل بمساعدة عبارات التلقين.

(٣) حكاية القصة شفويا.

(٤) ترتيب الكلمات لتكوين الجمل.

(٥) ترتيب العبارات والجمل لتكوين فقرة.

(٦) ملء الفراغ بالكلمة المناسبة.

(٧) الربط بين جملتين.

الجدول رقم ٤-٩ مهارة القراءة للمستوى الثاني

اسم المقرر: القراءة1	رقم المقرر ورمزه
المستوى: الثاني	عدد الساعات:٦

أ - الأهداف

يهدف هذا المقرر إلى جعل المتعلم قادرا على:

(١) قراءة فقرة درسها من قبل.

(٢) التعرف على الظواهر اللغوية التي سبقت دراستها كالشدة والتنوين والنبر والتنغيم أثناء قراءته.

(٣) إدراك بعض التغييرات في المعنى الناتجة عن تعديل في بنية الكلمة أثناء قراءته.

1. العربية للناشئين – محمود اسماعيل وآخرون – وزارة المعارف السعودية.

(٤) التدرج في القراءة من تراكيب المقرر بالثقافة الإسلامية والعربية.

(٥) الاتصال من خلال موضوعات المقرر بالثقافة الإسلامية والعربية.

(٦) إدراك دلالات علامات الترقيم أثناء قراءته.

(٧) القراءة الجهرية لما يقدم له من نصوص بطريقة سليمة.

(٨) قراءة نصوص خارج المقرر في حدود معجمه اللغوي.

(٩) فهم المعنى العام للنصوص التي يقرأها.

(١٠) تنمية ذخيرته اللغوية.

ب ـ توصيف المقرر

يدرس المتعلم في هذا المستوى اللغة العربية متكاملة في مهاراتها وعناصرها اللغوية من خلال موضوعات متنوعة تتصل بحياته في نصوص قرائية سردية وأخرى حوارية، كما تشتمل تلك الموضوعات على شخصيات إسلامية وآداب اجتماعية وغيرها.

جـ ـ مفردات المقرر

يقدم للمتعلم الموضوعات التالية:

(١) الفندق: إلى الفندق؛ في الفندق؛ قبل مغادرة الفندق

الفصل الرابع

تخطيط شامل لنشر اللغة العربية في العصر الحديث

(١) السوق: الذهاب إلى السوق؛ في دكان الملابس؛ في السوق المركزية.

(٣) العناية بالصحة: في عيادة الطبيب؛ في العسل شفاء؛ زينب ومريم صديقتان.

(٤) المرور: أسبوع المرور؛ بين ضابط مرور وسائق سيارة خاصة؛ مع موظف الاستعلامات في إدارة المرور؛ السرعة قاتلة.

(٥) العلم والمتعلم: العلم والتعلم؛ الالتحاق بالجامعة؛ التعليم بين الأمس واليوم؛ حضارة المسلمين؛ من علماء المسلمين.

(٦) اللغة العربية: اللغة العربية؛ بين طالبتين؛ العربية الفصيحة وأثرها؛ العربية لغة القرآن.

(٧) العالم قرية صغيرة: الشبكة الدولية للمعلومات (الإنترنت)؛ وسائل النقل والاتصال قديما وحديثا؛ العولمة.

(٨) النظافة: المسلم يهتم بالنظافة؛ الإسلام والطهارة؛ نظافة البيئة؛ الدين يدعو للنظافة.

(٩) الفكاهة

(١٠) محمد بن عبد الله عليه الصلاة والسلام.

(١١) الألعاب اللغوية.

185

(١٢) المناسبات والأعياد والزيارات: العيد الوطني.

الجدول رقم ٤-١٠ مهارة الكتابة للمستوى الثاني

اسم المقرر: الكتابة1	رقم المقرر ورمزه
المستوى: الثاني	عدد الساعات: ٥

أ - أهداف المقرر

(١) تنمية الكتابة في حدود التراكيب التي درسها المتعلم.

(٢) التمكين من استخدام علامات الترقيم التي يدرسها في هذا المستوى.

(٣) التمكين من التعبير الكتابي في حدود معجمه اللغوي.

(٤) تنمية القدرة على الكتابة بخط النسخ.

(٥) القدرة على استخدام المفردات اللغوية التي درسها في تراكيب جديدة.

ب - التوصيف

تقدم للمتعلم في هذا المستوى نصوص تشتمل على كلمات بها حروف مد وعلامات الترقيم والحروف التي تنطق ولا تكتب والتي تكتب ولا

1. كتاب الكتابة – للمستوى الثاني – سلسلة تعليم اللغة العربية لغير الناطقين بها – جامعة الإمام محمد بن سعود الإسلامية.

الفصل الرابع

تخطيط شامل لنشر اللغة العربية في العصر الحديث

تنطق على أن يطبق ذلك في كتابته، كما تقدم له الحروف المتجانسة صوتا، والتاء المفتوحة والمربوطة ووصل الحروف وفصلها، ويدرب على كل ذلك ليصل إلى مرحلة الإملاء الاختباري والتمكن من التعبير عن نفسه وعن بيئته مراعيا صحة الكتابة في حدود ما درسه على أن يتم كل ذلك في حدود ما درسه في الكتاب الأساسي لهذا المستوى.

جـ ـ مفردات المقرر

دراسة قواعد المفردات التالية:

(١) الشدة والتنوين.

(٢) حروف المد.

(٣) اللام القمرية واللام الشمسية.

(٤) علامات الترقيم التالية: الشرطة؛ الشرطتان؛ علامات التعجب؛ علامة التنصيص؛ القوسان؛ علامة الحذف.

(٥) الحروف المتجانسة صوتا.

(٦) الحروف التي تنطق ولا تكتب.

(٧) الحروف التي تكتب ولا تنطق.

(٨) التاء المفتوحة.

(٩) التاء المربوطة.

(١٠) وصل الحروف وفصلها.

(١١) خط النسخ.

الجدول رقم ٤-١١ النحو للمستوى الثاني

اسم المقرر: النحو1	رقم المقرر ورمزه
المستوى: الثاني	عدد الساعات: ٣

أ - أهداف المقرر

يهدف هذا المقرر إلى المتعلم قادرا على:

(١) التعرف على بعض القواعد النحوية.

(٢) التعرف على مكونات الجملة العربية.

(٣) التعرف على أنواع الجملة العربية.

(٤) التعرف على أقسام الاسم.

(٥) التعرف على أقسام أزمنة الفعل.

(٦) التعرف على إعراب الاسم.

(٧) التعرف على إعراب الفعل المضارع.

1. مغني اللبيب عن كتب الأعاريب، ابن هشام الأنصاري.

الفصل الرابع

تخطيط شامل لنشر اللغة العربية في العصر الحديث

(٨) تنمية قدرته نحو استخدام اللغة العربية الفصيحة.

(٩) أن يلم بقواعد النحو العربي للاستعانه بها في التحدث والكتابة بلغة عربية سليمة.

(١٠) الاستعانة بقواعد النحو في فهم ما يسمع وما يقول وما يقرأ وما يكتب.

(١١) تحويل القواعد التي درسها إلى سلوك لغوي عند استعمال مهارات اللغة المختلفة.

(١٢) تنظيم المعلومات اللغوية تنظيما يسهل عليه الانتفاع بها وتمكنهم من نقد الأساليب والعبارات نقدا سليما.

(١٣) أن يعودهم دقة الملاحظة والموازنة.

(١٤) تكوين العادات اللغوية الصحيحة.

(١٥) التفكير باللغة العربية وإدراك الفروق الدقيقة بين التراكيب والعبارات والجمل.

ب ـ توصيف المقرر

يتعرف المتعلم في هذا المستوى على مكونات الجمل العربية وأنواعها، كما يتعرف على أقسام الاسم من حيث تذكيره وتأنيثه وإفراده وتثنيته وجمعه وأنواع الجمع، ويتعرف كذلك على تقسيم الفعل من حيث الزمن

وإعراب المضارع والفاعل والمفعول به وعوامل جر الاسم وإسناد الفعل للضمائر.

ويتكون هذا المقرر من عبارات وجمل مأخوذة من النص الأساسي ومن الأمثلة المعدة إعدادا جديدا لخدمة القاعدة الهدف، ويشتمل على تدريبات مناسبة لتثبيت، وينتهي الدرس بملخص مبسط للقاعدة.

جـ - مفردات المقرر

(١) الجملة المفيدة وما تتكون منه.

(٢) الجملة الاسمية والجملة الفعلية.

(٣) تقسيم الاسم إلى ذكرة ومعرفة وأنواع المعارف.

(٤) تقسيم الاسم إلى مذكرومؤنث.

(٥) تقسيم الاسم إلى مفرد ومثنى وجمع.

(٦) أنواع الجمع.

(٧) تقسيم الفعل إلى ماض ومضارع وأمر.

(٨) إعراب الفغل المضارع: رفع الفعل المضارع؛ نصب الفعل المضارع؛ جزم الفعل المضارع.

(٩) الفاعل؛ المفعول به؛ حروف الجر؛ إعراب المضاف والمضاف إليه؛ الصفة؛ إعراب المثنى؛ إعراب الجموع.

الفصل الرابع

تخطيط شامل لنشر اللغة العربية في العصر الحديث

ثالثا- الخطة الدراسية: المستوى الثالث

الجدول رقم ٤-١٢ فهم المسموع؛ مهارة الكلام؛ القراءة؛ الكتابة؛ نحو وصرف؛ البلاغة

عدد الساعات	اسم المقرر	الرقم
٣	فهم المسموع	١
٣	مهارة الكلام	٢
٥	القراءة	٣
٥	الكتابة	٤
٤	نحو وصرف	٥
٢	البلاغة	٦
٢٢	المجمـــــــوع	

الجدول رقم ٤-١٣ فهم المسموع للمستوى الثالث

رقم المقرر ورمزه	اسم المقرر: فهم المسموع
عدد الساعات: ٣	المستوى: الثالث

أ ـ أهداف المقرر

يهدف هذا المقرر إلى جعل المتعلم قادرا على:

(١) تنمية المحصول اللغوي لديه.

(٢) التجاوب مع المتحدث.

(٣) تصوير ما يريد أن يفصح عنه المتحدث قبل تصريحة بذلك.

(٤) تنمية قدرته على استيعاب ومتابعة التفاصيل.

(٥) متابعة الاستماع للغة في حدود قدراته اللغوية.

(٦) الاتصال مع المتكلم وإدراك المواقف الانفعالية التي تحيط بالمحادثة والقدرة على التجاوب معها.

(٧) فهم ما يستمع إليه من نشرات الأخبار والندوات.

ب ـ توصيف المقرر

يتم في هذا المقرر تقديم مادة استماعية متنوعة تشتمل على نصوص متوسطة الطول وتتمثل في حوارات وقصص وأحاديث ونشرات أخبار في حدود خبرات الدارس اللغوية.

ويتضمن هذا المقرر تصميم تدريبات متنوعة ومتدرجة وشاملة للعناصر اللغوية بحيث تقود الدارس في هذا المستوى إلى التمكن والتعرف على ما يسمعه من ألفاظ وتراكيب ومفاهيم ثقافية.

الفصل الرابع

تخطيط شامل لنشر اللغة العربية في العصر الحديث

جـ ـ المفردات

من نماذج مفردات النصوص التالية: جحا وحماره؛ من غش فليس منا؛ نحن أمة واحدة؛ أصحاب السوء؛ جائزة عظيمة.

بالإضافة إلى المفردات التالية:

(١) الله خالق كل شئ؛ إعجاز القرآن الكريم.

(٢) الرفق بالحيوان؛ اللحوم المحرمة؛ اليهودية؛ تربية الأولاد.

(٣) الجاحظ – الغزالي – الفارابي – ابن سينا – السيوطي.

(٤) دراسة بعض الشخصيات مثل بلال ابن رباح.

(٥) العادات الضارة في المجتمع.

(٦) نحن نساعد الضعيف؛ الفداء العظيم.

(٧) من أمهات المؤمنين: خديجة بنت خويلد؛ عائشة بنت أبي بكر.

(٨) الإمام أبو حنيفة؛ عمرو بن العاص؛ الإمام البخاري ومسلم.

(٩) الأمم المتحدة؛ جامعة الدول العربية؛ الاتحاد الإفريقي.

(١٠) الصدقة قيمة إنسانية واجتماعية.

(١١) صلح الحديبية؛ الإسلام والتغيير الاجتماعي؛ ورقة بن نوفل.

استراتيجيات نشر اللغة العربية في الصين
في ظل العولمة وحوار الحضارات

الجدول رقم ٤ـ٤ ١ الكلام للمستوى الثالث

اسم المقرر: الكلام	رقم المقرر ورمزه
المستوى: الثالث	عدد الساعات: ٣

أ ـ أهداف المقرر

يهدف هذا المقرر إلى جعل المتعلم قادرا على:

(١) التعبير شفويا في موضوعات متنوعة.

(٢) المشاركة الإيجابية في الحوار والمناقشة.

(٣) تنمية قدرته على الحديث في المواقف المختلفة في موضوعات متنوعة مع استعمال الجمل المركبة.

بـ ـ توصيف المقرر

يتضمن هذا المقرر ما يلي:

(١) تدريب المتعلمين شفويا على موضوعات متنوعة مع مراعاة استعمال الجمل المركبة بعد أن تدربوا من قبل على الجمل البسيطة.

(٢) تدريبهم على تنظيم الأفكار وترتيبها في الكلام.

(٣) تدريب المتعلمين على إلقاء الكلمات والأحاديث المتنوعة وعلى المناقشة وإبداء الرأي حول الموضوعات المختلفة.

جـ - المصادر والمراجع

(١) د. طه محمد محمود: التعبير الموجه للمستوى المتوسط.

(٢) د. إسحاق الأمين: التعبير المتقدم.

(٣) العربية للحياة.

الجدول رقم ٤-١٥ القراءة للمستوى الثالث

اسم المقرر: القراءة	رقم المقرر ورمزه
المستوي: الثالث	عدد الساعات:٥

أ - أهداف المقرر

يتم في هذا المقرر تقديم مادة قرائية تشمل نصوصا أكثر تقدما مما درسه الطالب في المستوى السابق. وتشتمل على مفاهيم مجردة تعالج موضوعات متنوعة مناسبة مثل الموضوعات النقدية والعلمية والتاريخية والأدبية والفكاهية، كما يشمل المقرر تدريبات متقدمة على مهارات الاستيعاب والقراءة والمفردات والتراكيب إضافة إلى أنشطة لتقديم تلك المهارات.

بـ - مفردات المقرر

(١) الناسك والشجرة؛ الثوب الأحمر؛

(٢) الرفق بالحيوان؛ عمر بن الخطاب؛ هيئة الأمم المتحدة.

(٣)جحا وحماره؛ من حكايات جحا؛ طرائف وفكاهات.

(٤) من حضارة العرب؛جواب عالم؛ أبطال وقت الشدة.

(٥) التلفزيون والصحة؛ مهرب القهوة؛ تاج محل؛ من غشّ فليس منا.

(٦) من نوادر البخلاء؛ أسعد زوجين؛ أصحاب السوء؛ قصة حب في الصحراء.

(٧)حذاء أبي القاسم؛ حكم وأمثال؛ السندباد البحري.

(٨) آيات من القرآن؛ من أقوال الرسول (صلى الله عليه وسلم). القاموس؛ الخط العربي.

(٩) كروية الأرض؛ موضوعات ذات صيغة عالمية.

الجدول رقم ٤-١٦ الكتابة للمستوى الثالث

اسم المقرر: الكتابة	رقم المقرر ورمزه
المستوى: الثالث	عدد الساعات: ٥

أ - أهداف المقرر

يهدف هذا المقرر إلى جعل المتعلم قادرا على:

(١)كتابة الهمزة في مختلف حالاتها؛ التاء المربوطة والمفتوحة.

الفصل الرابع

تخطيط شامل لنشر اللغة العربية في العصر الحديث

(٢) استخدام علامات الترقيم بأنواعها في الكتابة ومعرفة مدلولاتها.

(٣) استخدام القواعد الإملائية التي درسها استخداما صحيحا في الكتابة.

(٤) إدراك ما في اللغة العربية من بعض الاختلافات بين النطق والكتابة.

(٥) معرفة قواعد الكتابة الألف اللينة في الأسماء والأفعال والحروف.

(٦) إتقان الكتابة بخط الرقعة.

(٧) تنمية قدرة المتعلم على التعبير الحر كتابة.

(٨) الكتابة بسرعة مقبولة وبشكل سليم.

بـ ـ توصيف المقرر

يكون الإملاء بهذا المستوى استماعيا واختباريا مع تدريبات تحتوي على بعض الجمل والعبارات التي تشتمل على المهارات المساعدة على الكتابة السليمة وتعويد المتعلمين على سرعة الكتابة وتحسين الخط وتدريبهم على النظام وحسن التنسيق باستخدام علامات الترقيم.

جـ ـ المفردات

(١) مراجعة ما سبق درسه.

(٢) همزة الوصل والقطع:

الأول- همزة الوصل: مواضعها؛ كتابتها؛ حذفها في اللفظ والخط.

الثاني- همزة القطع: مواضعها – كتابتها في أول الكلمة؛ كتابتها في وسط الكلمة؛ كتابتها على ألف؛ كتابتها على الواو؛ كتابتها على الياء.

الثالث- كتابتها منفردة على السطر.

الرابع- الهمزة المتطرفة في آخر الكلمة: كتابتها على الألف؛ كتابتها على الواو؛ كتابتها على الياء؛ كتابتها منفردة على السطر.

د ـ الخط

يهدف هذا المقرر إلى جعل المتعلم قادرا على:

(١) تعلم خط الرقعة وتكوين القدرة لديه ليكتب بسرعة معقولة تتناسب مع سرعة الذي يملي عليه.

(٢) كتابة الحروف بخط الرقعة بأشكالها المختلفة من خلال عرض الحروف مفردة وفي جمل من النصوص المختارة.

(٣) مراعاة أن تكون الكلمات المدرب عليها مما يعرفه وزيادة بعض

الكلمات الجديدة.

هـ - المفردات

من مفرداته الحروف التي ينزل جزء منها عن السطر والحروف التي تكتب على السطر والحرف المطموس وغير المطموس.

الجدول رقم ٤-١٧ النحو والصرف للمستوى الثالث

اسم المقرر: النحو والصرف	رقم المقرر ورمزه
المستوى: الثالث	عدد الساعات: ٤

أ - أهداف المقرر

يهدف هذا المقرر إلى جعل المتعلم قادرا على:

(١) الإلمام ببعض أحكام العربي للاستعانة بها في الحديث بلغة عربية سليمة.

(٢) الإلمام ببعض أحكام العربي للاستعانة بها في الكتابة العربية السليمة.

(٣) التعرف على أنواع الخبر في الجملة الأسمية؛ التعرف على مواضع تقدم الخبر على المبتدأ.

(٤) التعرف على عمل النواسخ الفعلية؛ التعرف على عمل النواسخ الحرفية.

(٥) معرفة استخدام أسلوب الاستفهام في اللغة العربية؛ التعرف على أحكام الممنوع من الصرف.

(٦) التعرف على الأفعال الخمسة وأحكامها؛ التعرف على الأسماء الخمسة وإعرابها.

(٧) الاستعانة بالنحو في فهم ما يسمع؛ الاستعانة بالنحو في فهم ما يقرأ.

(٨) التعرف على وظيفة النظام الصرف في اللغة العربية؛ التعرف على الفرق بين النظام الصرف والتركيب النحوي والدلالة المعجمية للكلمة.

(٩) تعلم كل ما يتعلق بالفعل من حيث الصحة والاعتلال؛ تعلم التجرد والزيادة.

(١٠) تعلم تأنيث الفعل وإسناده إلى الضمائر؛ معرفة الميزان الصرف.

بـ ـ توصيف المقرر

(١) النحو: يقدم هذا المقرر دراسة تطبيقية للموضوعات الأساسية في النحو، من أهمها: أنواع الخبر؛ المعرب والمبني والفعل اللازم والمتعدي والممنوع من الصرف والأفعال الخمسة والأسماء الخمسة.

(٢) الصرف: يشتمل هذا المقرر على الموضوعات الصرفية المهمة للتعرف على بنية الكلمة ووزنها ودراسة المصادر والتعرف على بنية الكلمة تجريدا وزيادة صحة واعتلالا مع تقديم عدد من التدريبات التحليلية التركيبية لتحويل المهارات إلى سلوك لغوي عند استخدام المتعلم للغة العربية.

جـ - المفردات: النحو والصرف

(١) النحو: اسم الإشارة؛ اسم الوصول؛ أنواع الخبر: تقدم الخبر على المبتدأ؛ النواسخ: كان وأخواتها؛ إنّ وأخواتها؛ أسلوب الاستفهام؛الأفعال الخمسة؛ الفعل اللازم والمتعدي؛ الأفعال المتعدية لمفعولين؛ الأسماء الخمسة وإعرابها؛ أدوات الشرط الجازمة؛ الممنوع من الصرف؛ المعرب والمبني.

(٢) الصرف: الميزان الصرف: المجرد والمزيد؛ الفعل الصحيح والمعتل؛ مصادر الأفعال الثلاثية.

(٣) الكشف في المعاجم.

الجدول رقم ٤-١٨ البلاغة للمستوى الثالث

اسم المقرر: البلاغة	رقم المقرر ورمزه
المستوى: الثالث	عدد الساعات: ٢

أ ـ أهداف المقرر

(١) الإلمام بقدر معقول من علوم البلاغة ومباحث الدراسات النقدية.

(٢) زيادة حصيلة المتعلم اللغوية من الكلمات والمصطلحات البلاغية والنقدية.

(٣) تحسين مستواه اللغوي في الكلام والكتابة بصورة مباشرة باستعمال الأساليب البلاغية المبسطة.

(٤) تنمية قدراته على تذوق الأدب وفهم نصوصه.

بـ ـ توصيف المقرر

في هذا المقرر، يدرس المتعلم مقدمة مختصرة تبين معاني المصطلحات الآتية مصحوبة بأمثلة من التراث العربي تعزز الفهم لدى المتعلم: الفصاحة؛ البلاغة؛ النقد؛ الأسلوب؛ علم البيان ليقف على أساليب اللغة المختلفة في إيراد المعاني ومخاطبة الآخرين حسب ما يقتضي الحال.

جـ ـ المفردات

تشتمل على التشبيه بأنواعه؛ المجاز بأنواعه؛ الاستعارة وأنواعها مع إيراد بعض النصوص الشعرية والنثرية السهلة.

المبحث الرابع وسائل نشر اللغة العربية في الصين

لا بد لكل عمل جليل أو مشروع كبير عند التخطيط له من وضع الوسائل التي يحقق بها. وترى الباحثة ضرورة وضع وسائل يمكن الاستعانة بها في نشر اللغة العربية في الصين.

ويقسم هذه الوسائل إلى قسمين: وسيلة غير مباشرة ووسائل مباشرة.

أولا- وسيلة غير مباشرة

إن الوسيلة غير المباشرة في نشر اللغة العربية في الصين تتمثل في الآتي:

أ- العناية بالترجمة والتعريب[1]

وذلك من حيث نقل عيون التراث العربي قديمه وحديثه، وكذلك روائع الإبداع الفكري العربي المعاصر إلى اللغات العالمية الأوسع انتشارا في العالم. وإلى اللغات الإسلامية واللغات الإفريقية الرئيسية عن طريق

1. البروفيسور عبد الهادي محمد عمر تميم، أشار إليه في المقابلة التي أجرته الباحثة معه، مرجع سابق.

الترجمة بهدف التعريف بتراث الأمة العربية الثقافي والحضاري على مر العصور. وما أسهمت به الحضارة العربية من إبداعات فكرية في الحضارة الإنسانية قاطبة.

ومن ذلك أيضا تعريب المعلومات المفيدة والكلمات الأجنبية الجديدة الداخلة في اللغة العربية، ويدخل في ذلك سياسة تعريب التعليم العام في البلدان العربية التي هي لغتهم الرسمية، ولا بد من وضع مشروع كبير لتعريب الإنترنت، لأن نسبة المساحة للغة العربية فيها نسبة ضئيلة جدا.

بـ ـ إقامة المعارض والمناشط الثقافية والحضارية

للمعارض دور فعال في قضية نشر اللغة العربية، ولذلك ترى الباحثة أن تكون من الوسائل التي تنشر بها هذه اللغة، وأن تكون هذه المعارض في خارج الوطن العربي، لأن هناك من لا يعرف عن الثقافة العربية والإسلامية شيئا اللهم إلا ما يسمعا من بعض المستشرقين غير منصفين أو ما تبثه بعض الوسائل الإعلامية من معلومات مزيفة ومشوهة لا تمس بالثقافة العربية الإسلامية بصلة.

وتقترح الباحثة أن تتكون تلك المعارض والمناشط من الآتي:

(١) عرض الكتب العربية والثقافة العربية الإسلامية بجميع أنواعها وبيعها بأثمان مناسبة، إضافة إلى البرامج المسجلة المسموعة منها مثل الأشرطة المسموعة المسجلة أوالمسموعة المرئية كالمواد المسجلة في أشرطة فيديو وفي الأقراص المبرمجة.

204

(٢) بيع كتب تعليم اللغة العربية للناطقين بغيرها والوسائل المصاحبة لها.

(٣) إقامة ندوات علمية ثقافية والحوارات في قضايا جارية مثل مناقشة موضوع "العولمة" و"صراع الحضارات" و"الحوار بين الحضارات والثقافات" أو" القضايا المتعلقة بنشر اللغة العربية ونحوها ذلك ".

(٤) توزيع الهدايا الرمزية للزوار للمعرض مثل المطويات والكتيبات أو الأشرطة ... والتي تحتوي كلها على تعريف الناس بحقيقة الحضارة العربية الإسلامية واستعدادتها بالتفاعل مع الحضارات الأخرى أو تحتوي على قضايا اللغة العربية والعرب في العصر الحديث وموقف الإسلام في التعامل بين المسلمين والآخرين وبيان تحريم الشريعة الإسلامية للتمييز العنصري.

(٥) إقامة مسابقات علمية ثقافية على شرف هذه المعارض ونحوها من الأنشطة التي تعين في هذا المجال.

جـ ـ إقامة الأسابيع الثقافية التي يقدمها العرب في أنحاء الصين

تقام في إطار منتدى التعاون الصيني العربي فعاليات متنوعة للتبادل الثقافي مثل مهرجانات الفنون الصينية والعربية التي يقيمها كل من الجانبين بالتناوب في الجانب الآخر، الأمر الذي يسهم في تقريب الشعبين الصيني والعربي وتعزيز التعارف والتواصل الودي بينهما.

د ـ إنشاء مكتبات عربية في الجامعات الصينية[1]

والتي تحتوي على الكتب العربية والثقافة العربية الإسلامية وغيرها من التخصصات التي تعين على نشر اللغة العربية وإلحاق هذه المكتبات بالوسائل الحديثة اللازمة المواكبة للعصر الحديث مثل الحواسيب، وخاصة تلك التي تسمح بالتعامل مع شبكة المعلومات الدولية والاستفادة من المراجع المرئية المسموعة والسمعية المرئية.

هـ ـ كتابة اللغات الإسلامية والإفريقية بالحرف العربي

الذي حاربه الاستعمار وعملاؤه لتمكين الشعوب من الاستفادة بما كان متاحا لها من فرص الكتابة بالحرف العربي[2].

و ـ تأسيس المراكز الثقافية خارج الوطن العربي

ويمكن أن تكون تحت إشراف سفارات الدول العربية في الخارج[3]. على سبيل المثال، يمكن تأسيس مثل هذا النوع من المراكز في عاصمة الصين ـ بكين ليسهل دارسي اللغة العربية للحصول على المراجع العربية الأصلية مما يعزز معارفهم عن الدول العربية سياسيا واقتصاديا وثقافيا.

---

1. البروفيسور يوسف الخليفة، أشار إلى ذلك في المقابلة التي أجرتها الباحثة معه، مرجع سابق .
2. أشير إلى ذلك في مقابلة أجرتها الباحثة مع كل من: الدكتور مصطفى أحمد علي والأستاذ الدكتور خليل عمايرة، مرجع سابق .
3. أشار إلى ذلك كل من البروفيسور يوسف الخليفة أبو بكر والبروفيسور عبد الهادي محمد عمر تميم، في المقابلة معها . مرجع سابق .

ز- نشر اللغة العربية و تعليمها عن طريق التعليم عن بعد والتعليم المبرمج

شبكة الإنترنت هي بلورة لذكاء البشرية ومن الاختراعات العلمية والتكنولوجية الهامة في القرن العشرين ورمز هام لقوة الإنتاج المتقدمة في عصرنا الحالي. تؤثر شبكة الإنترنت في التنمية الاقتصادية والسياسية والثقافية والاجتماعية العالمية بصورة عميقة، وتدفع تغير الإنتاج والمعيشة الاجتماعيين وانتشار المعلومات.

مع تطور وتقدم التكنولوجيا في مجال التعليم، إن نشر وتعليم اللغة العربية عن بعد سيلعب دورا مهما في المستقبل. على علم الباحثة، إن هناك شباب مصريين ظلوا يشتغلون في هذا المجال لتعليم اللغة العربية لغير العرب، لعلهم ينجحون في هذه العملية حتى نستفيد منهم خبرة، ونتمتع معهم ببعض الموارد عن طريق الشبكة الدولية.

إن بعض الأساتذة الصينيين قد استخدموا بعض المراجع الناشرة في الدول العربية في مجال تعليم أصوات اللغة العربية ونحوها وصرفها، إذا كانت كل هذه المراجع مرفقة بالأسطوانات المسجلة بصوت العرب، ستكون

أكثر نفعا في عملية التدريس، لأنه بالنسبة إلى من يتعلم اللغة العربية في البيئة الغير العربية، فالصوت الأصلي يكون مفيدا للغاية.

ثانيا- الوسيلة المباشرة لنشر اللغة العربية

إن الوسائل المباشرة لنشر اللغة العربية عديدة فأهمها ما يلي :

أ - نشر تعليم اللغة العربية للناطقين بغيرها

وذلك عن طريق تأسيس معاهد تعليم اللغة العربية لغير العرب خارج الوطن العربي وابتعاث المدرسين المؤهلين من العرب و غيرهم.

ب - إعداد معلمي اللغة العربية المواكبين للعصر الحديث (عصر العولمة) إعدادا لغويا ومهنيا وثقافيا[1]

ويقصد بجانب الإعداد اللغوي : الأداء اللغوي وهو التخصص في اللغة العربية ويشمل أمرا يتعلق باللغة نحوا وصرفا وبلاغة وأدبا و تذوقا وانفعالا بما تحتويه اللغة من قيم واتجاهات[2].

وأما الجانب المهني، فهو ما يحتاجه المدرس من ثقافة مهنية تعينه

1. ومن الذين ذكروا ذلك في المقابلة معهم هم : البروفيسور يوسف الخليفة أبوبكر والدكتور محمد زايد يركة، والدكتور مصطفى أحمد علي.
2. البروفيسور يوسف الخليفة أبوبكر: الإعداد اللغوي لمعلمي اللغة العربية للناطقين بلغات أخرى. قدمت إلى ندوة تطوير برامج إعداد معلمي اللغة العربية للناطقين بلغات أخرى، الخرطوم 2000 م ص : 2-6.

الفصل الرابع
تخطيط شامل لنشر اللغة العربية في العصر الحديث

على إدراك طبيعة المنهة التي ينتمي إليها من جانب كما تعينه على أداء هذه المهمة على أفضل وجه من جانب آخر. أما إدراك طبيعة المهنة وطبيعة العلاقات السائدة بين العاملين، ففيها من مدرسين ومشرفين وإداريين فيقتضي تزويده بمواد كالإدارة التربوية والإشراف التربوي وما شاملهما. وأما الأداء الجيد، فيقتضي تزويده بالمواد التي تعينه على فهم عملية التعليم والتعلم وتطبيقها، وذلك مثل فلسفة التربية وخاصة التربية الإسلامية ومثل علم النفس النموي للصغار والكبار الذي يتحدث عن مراحل النمو ومطالبته من الطفولة إلى الشيخوخة وعلم النفس التعليمي الذي يتحدث عن نظريات التعلم ومثل المناهج وطرق التدريس العامة والخاصة ومثل تخطيط المناهج وتقديمها وتطويرها1.

وأما جانب الإعداد الثقافي، فهو أن يسلح المدرس بالثقافة العامة التي تعينه على أداء مهمته بوصفه عاملا في التغير الاجتماعي، وباعتبار أن رسالته ليست تعليمية فحسب، بل هي رسالة تربوية وثقافية أيضا. كما يتطلب أن يشمل هذا البرنامج على دراسة الإنسانيات والأدب والفن بهدف إثراء خلفية المعلم وتنمية قدرته على التخيل. وأهم ما ينبغي أن يشمل هذا الإعداد الثقافي هو:

(١) الإحاطة باللغة العربية: أصواتها وصرفها ومعجمها ودلالاتها

---

1. علي القاسمي (الدكتور): اتجاهات حديثة في تعليم اللغة العربية للناطقين باللغات الأخرى، عمادة شؤون المكتبات، جامعة الرياض، الرياض 1399هـ- 1979م. وعلي أحمد مدكور (الدكتور): تقويم برامج إعداد معلمي اللغة العربية للناطقين بغيرها، جامعة الملك سعود بالرياض، منشورات الايسيسكو،الرباط، 1405هـ\ 1985م، ص:37.

والنظريات اللغوية التي تساعده في منهجية التعليم اللغوي والمختبر اللغوي وكيفية استعماله والإفادة منه.

(٢) الإلمام بأهم المراجع العربية وكيفية استخدام مكتبتها وبخاصة في معاجم العربية وكتب تفسير القرآن الكريم ومعانيه وكتب التاريخ الإسلامي وكتب الأمثال والأقوال العربية والخطب والرسائل التي تمثل أنماطا تحتذي في تكوين ثقافة الدارس المدرس.

(٣) المعرفة الواضحة بأسس الفكر الإسلامي والقرآن والسنة وذلك ليتمكن من الاستشهاد بقراءة سليمة عند توظيف مستويات اللغة الخمسة لما يتركه ذلك من أثر إيجابي كبير لدى الدارسين.

(٤) الإلمام بالجوانب العملية التطبيقية من الحضارة الإسلامية كالعمارة وبخاصة عمارة المساجد الرئيسية عند المسلمين والفلك وما يترتب عليه والفنون بأنواعها كالأدب والرسم والتصوير والنحت الترجمة وغيرها، مما يساعد المدرس في اختيار المفردات التي تسهم في تكوين صورة متكاملة عن الثقافة والحضارة الإسلامية.

(٥) الإلمام بسير الأعلام البارزين ممن أسهموا في بناء الحضارة الإسلامية على مر العصور.

(٦) الإلمام بالرقعة الجغرافية التي يمتد عليها العالم الإسلامي المعاصر مع معرفة بأهم المعالم الحضارية والوقائع التاريخية والمراكز

العلمية فيه ومؤسسات العمل الإسلامي المشترك ومؤسسات التكافل والتضامن والتنمية المشتركة على مستوى العالم الإسلامي.

(٧) الإلمام بالآداب والتقاليد الإسلامية في المناسبات الاجتماعية والأعياد والاحتفالات الدينية وموقف الإسلام من القضايا المعاصرة كحقوق الإنسان والمرأة والطفل وقضايا الجنس والزنا والربا والخمر وغير ذلك من قضايا العولمة وما أتى به القرن الحالي من قضايا التقنية والتكنولوجيا المعلوماتية وغيرها من القضايا المتعلقة بالثقافة.

جـ - وضع منهج مناسب لتدريس اللغة العربية

ولا شك من أهمية وضع منهج مناسب لتدريس اللغة العربية في نشر اللغة العربية1، لأن عدم مطابقة المنهج وما يحتويه للفئة المستهدفة التي تقدم لها تعليم هذه اللغة من حيث البيئة والعمر والمستوى والنوع ... مما يؤثر كثيرا في حقول تعليم اللغة العربية لغير العرب في اليوم، وهذا المنهج بمثابة المنبع الذي ينبع منه الماء ويرتوي منه الظمأ، إذن لا بد أن يكون منبعا نقيا صافيا من الشوائب التي تكدره ليخرج منه ماء زلالا.

د - وضع كتاب مدرسي مناسب لطبيعة متعلمي اللغة العربية

والكتاب المدرسي هو الذي يشمل الكتابات التي يوزع على الطلاب ويتسع ليشمل مختلف الكتب والأدوات التي يتلقى الطالب منها المعرفة

---

1. خليل أحمد، عمايرة (الأستاذ الدكتور) في المقابلة التي أجرتها الباحثة معه، مرجع سابق.

والتي يوظفها المعلم في البرنامج التعليمي ويشمل مختلف المواد التعليمية المصاحبة للكتاب أيضا مثل شرائط التسجيل ومرشد المعلم والاختبارات الموضوعية المصاحبة وكراسة التدريبات وغير ذلك من مواد تعليمية والكتاب المدرسي الجيد المتكامل هو الذي يرمي إلى مساعدة الطلاب على اكتساب المهارات اللغوية الأربعة بصورة متوازنة، غير أنه من الممكن نظريا التركيز على مهارة أو أكثر من هذه المهارات لأغراض خاصة. فمثلا لو كنا نقوم بإعداد مترجمين يضطلعون بالترجمة الفورية في المؤتمرات(الاستماع والحديث)، أما إذا كنا نقوم بإعداد مترجمين يعملون في الوكالات، ويتولون مهمة ترجمة الأخبار المكتوبة، فإن الكتاب المدرسي المخصص لهؤلاء المتعلمين ينبغي أن يركز على المهارتين: الثالثة والرابعة (القراءة والكتابة).

ونوع المهارات اللغوية التي يتوخى الكتاب المدرسي تنميتها وتطويرها قد تختلف طبقا للهدف من تعلم اللغة العربية الذي قد يتباين من مجموعة من المتعلمين إلى مجموعة أخرى، فإذا كنا نعد برنامجا قصيرا للحجاج الصينيين مثلا فإن وقتهم لا يتسع لتعلم القراءة والكتابة اللتين لا يحتاج إليهما الحاج بصورة ملحة في الديار المقدسة. بل لا مندوحة لنا من استخدام الطريقة السمعية اللفظية لتعليمه عبارات معينة يستعملها في المطار وأماكن الحج مثل: السلام عليكم؛ كيفا الحال؛ الحمد لله؛ إن شاء الله؛ من فضلكم؛ شكرا؛ هذا جوازي؛ زوجي؛ ولدي؛ متاعي؛ أين السيارة؛ المطعم؛ الحمام؛ البوليس؛ المصرف؛ متى تذهب؛ نرجع؛ نصل؛ الساعة؛ أيام؛

212

الأسبوع؛ الأعداد؛بكم هذا؟1.

وما إلى ذلك من عبارات يحتاجها المسافر. أما إذا كنا نعد برنامجا طويلا لتعليم اللغة العربية في المدارس الابتدائية والثانوية فعلينا أن نأخذ في الاعتبار جميع المهارات اللغوية، ونبرزها جميعا في الكتاب المدرسي بحيث ننمي مقدرة الطلاب على استعمال العربية فهما وتعبيرا نطقا وكتابة في مواقف متعددة متباينة.

وأما من حيث الوقت المخصص لدراسة اللغة العربية لغير العرب فيجب أن يضع المؤلف الكتاب المدرسي لتدريسه اللغة العربية للناطقين بغيرها الوقت المخصص لدراسة الكتاب في الحسبان، وهذا يعني ما يأتي:

(١) الفترة الكلية المخصصة لتدريس الكتاب أو البرنامج، فهناك برامج تستغرق سنة دراسية كاملة (٩ شهور) وأخرى تستغرق فصلا دراسيا واحدا (٤ شهور) وثالثة لا تتعدى ثمانية أسابيع.

---

1. علي القامسي (الدكتور): الكتاب المدرسي لتعليم العربية لغير الناطقين بها، المسجل العلمي للندوة العالمية الأولى لتعليم العربية لغير الناطقين بها، خلال من 17-21 ربيع الثاني 1398م، 26-30 مارس 1978م، عمادة شؤون المكتبات، جامعة الرياض، 1400هـ – 1980م، الجزءالثاني، ص:71.
وأنظر أيضا: محمود اسماعيل صيني (الأستاذ الدكتور): السجل العلمي للندوة العالمية الأولى لتعليم العربية لغير الناطقين بها، مرجع سابق، ص:71.
ورشدي أحمد طعيمة (الدكتور): نحو أداة موضوعية لتقويم كتب تعليم اللغة العربية لغير الناطقين بها، المجلة العربية للدراسات اللغوية، المجلد الأول،العدد الثاني، فبراير 1983م، معهد الخرطوم الدولي للغة العربية، السودان، ص:61. ومحمد زياد حمدان (الدكتور): تقييم الكتاب المدرسي نحو إطار علمي للتقويم في التربية (نظرية في قرار المجال)، دار التربية الحديثة 1417هـ – 1997م، ص:30.

(٢) عدد الحصص الأسبوعية المخصصة لتدريس الكتاب. فهل يدرس الطلاب اللغة العربية ست ساعات في الأسبوع أو ساعتين فقط؟

(٣) الوقت الذي يستطيع الطلاب تخصيصه للتمرن على اللغة العربية أو حل تمارين الكتاب المدرسي والواجبات المنزلية خارج المدرسة.

ومن المتفق عليه عند علماء التربية والمناهج أن الكتاب المدرسي المخصص لتعليم اللغة العربية للناطقين باللغات الأخرى يختلف عن الكتاب المدرسي المخصص لتعليم اللغة العربية للناطقين بها من حيث الهدف والطريقة والأسلوب والبيئة إلا أن هناك مؤسسات عربية في خارج الوطن العربي تستخدم الكتاب المدرسي لطلابها، وهو الذي وضع أساسا لأبناء العرب، الأمر الذي يجعل تعليم اللغة العربية في هذه المؤسسات صعبة وعميقة.

هـ ـ استخدام الطريقة المناسبة لتعليم اللغة العربية

مما يساهم في نشر اللغة العربية في العالم اختيار الطريقة المناسبة في تعليم اللغة العربية وبخاصة للناطقين بغيرها.

ونجد أن من العراقيل التي تعيق نجاح تعليم اللغة العربية لغير العرب استخدام الطرائق التقليدية العتيقة.

نعم، إن موقف التعليم هو الذي يحدد الطريقة التي يستخدمها المعلم. إلا أن الباحثة ترى من الأفضل أن الطريقة الانتقائية هي التي تصلح لتعليم اللغة العربية للناطقين بلغات أخرى لما تمتاز به من مرونة

وحرية في اختيار الأسلوب الأمثل في تعليم اللغة العربية بدون التقيد بطريقة تدريس معينة أو الولاء لها. ولهذه الطريقة مسميات عديدة وأهمها: الطريقة التوليفية؛ الطريقة المختارة؛ طريق المعلم[1].

و - إعداد الوسائل التعليمية المناسبة[2]

إن إعداد الوسائل التعليمية المناسبة وتوظيفها في مجال التعليم دور كبير في نشر اللغة العربية. ويقصد بهذه الوسائل: كل الوسائط التي تعين المعلم على توصيل المعلومات والحقائق للمتعلم بأسهل وأقرب الطرق.

وأشهر تعريفات لها انتشارا هو أنها: المواد التي تستخدم في حجرات الدراسة أو في غيرها من المواقف التعليمية لتسهيل فهم معاني الكلمات المكتوبة أو المنطوقة.

الأول: فوائد الوسائل التعليمية:

لهذه الوسائل فوائد كثيرة في مجال التعليم على نحو عام، وفي مجال تعلم اللغات على وجه خاص، إذا أحسن استخدامها على وجه فعال بهدف تحقيق الأهداف المرسومة للبرنامج المعين منه برنامج تعليم اللغة العربية في الصين، في الواقع، قد تنوعت الوسائل التعليمية في معظم

---

1. عمر الصديق عبد الله (الدكتور): استخدام الوسائل التعليمية في تدريس اللغة العربية للمبتدئين للناطقين باللغات الأخرى، مهارة الاستماع نموذجا، بحث مقدم لنيل درجة الدكتوراه في التربية، عمادة الدراسات العليا، كلية التربية بجامعة إفريقيا العالمية، الخرطوم، العام 2001م، ص:68.
2. أشار إلى ذلك كل من :محمد بابا (الدكتور)، وسراج عبد الكريم (الدكتور) ومحمد دشيش (الأستاذ)، في مقابلة معهم، مرجع سابق.

الجامعات، ومن هذه الفوائد1:

(١) أنها توفر الجهد وتسهل العبء على المدرس في الموقف التعليمي التعلمي.

(٢) أنها تنمي في المتعلم حب الاستطلاع وترغيبه في التعلم.

(٣) تشوق المتعلم للتعلم وتزكي نشاطه في قاعة الدرس.

(٤) تساعد المتعلم على معالجة مشاكل النطق وحسن لفظ الكلمات والأصوات.

(٥) تؤكد شخصية المتعلم وتقضي على خجله.

(٦) تساعد على ربط أجزاء المعلومة ببعضها وربط الأجزاء بالكل ومعرفة نسبة الأشياء.

(٧) توفر وقت كل من المعلم والمتعلم وغيرها من الفوائد الجامة.

الثاني: هناك وسائل تعليمية عديدة ومن أهمها:

---

1. مصطفى عبد محمد (الأستاذ الدكتور): الاتصال والوسائل التعليمية، قرارات أساسية للطالب المعلم، مركز الكتاب للنشر، الطبعة الأولى، 2001م، ص:75-77. وأنظر أيضا أهمية استخدام الوسائل التعليمية في أهمية الوسائل التعليمية في تعليم اللغة العربية لغير الناطقين بها، الحياة عبد الوهاب التهامي، بحث تكميلي نيل درجة دبلوم عالي في تعليم اللغة العربية للناطقين بغيرها، معهد الخرطوم الدولي للغة العربية، عام 1985م، ص:34. (غير منشور) وفي وسائل السمعية ودورها في تعليم اللغة العربية مع إعداد نصوص وتسجيلات لغير الناطقين بالعربية، لمني يوسف وقيع الله، بحث تكميلي لنيل درجة الماجستير في تعليم اللغة العربية للناطقين بغيرها، معهد الخرطوم الدولي للغة العربية، عام 1415هـ 1980م – 1995م (غير منشور).

الفصل الرابع

تخطيط شامل لنشر اللغة العربية في العصر الحديث

(١) جهاز التسجيل والتسجيلات الصوتية

يعد جهاز التسجيل وما يصحبه من تسجيلات صوتية من أفضل الوسائل التعليمية التي يعتمد عليها معلمو اللغات الأجنبية في تعليم كثير من جوانب اللغة المختلفة، وبخاصة الجانب الشفوي منها. ويدخل المسجل ومواده المسجلة ضمن دائرة الوسائل السمعية.

وتمثل التسجيلات الصوتية مثيرا سمعيا يعزز ما تقوم به المثيرات البصرية في تعليم اللغة العربية ويتازران معا في أغلب دروس اللغة بقصد توضيح المعاني وتسهيل عملية التعليم والتعلم.

وينبغي أن تكون المواد المسجلة ملائمة لمستوى المتعلم من حيث العمر والمستوى1.

(٢) المختبر اللغوي

إن مختبر اللغة من حيث الأساس مكان يسمع منه الطالب المادة اللغوية التي تصله عن طريق السماعتين، فيتمرن على اللغة التي يتعلمها دون أن يترعج الآخرين، ونتيجة لذلك، يستطيع طلاب الفصل جميعا التمرن في وقت واحد.

ولا تخفي علينا أهمية استخدام المختبر اللغوي في تعليم اللغة العربية للناطقين بغيرها لما لها من فوائد كثيرة ومنها:

---

1. خليل أحمد عمايرة (الأستاذ الدكتور)، المقابلة بينه وبين الباحثة، مرجع سابق، وأنظر: مصطفى عبد السبع محمد (الأستاذ الدكتور): الاتصال والوسائل التعليمية، مرجع سابق، ص:134- 136.

★ أنه يمكن لجميع الطلاب من استعمال اللغة مع الاحتفاظ بطبيعة التعلم الفردي لكل منهم.

★ يستطيع المدرس تركيز اهتمامه في المختبر على عمل طالب واحد دون أن يقاطع الطلاب الآخرين أو يضيع وقتهم.

★ تراعي بعض أنواع المختبرات عامل للفروق الفردية، فتسمح لكل طالب بالعمل وفقا لمقدرته وطبقا للسرعة التي تتناسب وقابليته، وبذلك، يقدم المختبر حلا لواحدة من المشكلات التدريسية، وهي مشكلة التوفيق بين قابليات الطلاب.

★ يكتسب المتعلم خبرة في الاستماع لأصوات غير صوت مدرسه وفهم مضمون حديثه[1].

(٣) جهاز الفوديو والمواد المصاحبة له

يعد الفلم التعليمي المسجل على شريط فيديو من أفضل الوسائل التعليمية التي يمكن أن يستفيد منها الطلاب نظرا لما يتمتع به من مزايا عديدة، مثل العرض الحي وإمكانية إعادة المشاهدة حسب الحاجة.

وينبغي أن نستفيد من هذا الجهاز الذي يعد من الوسائل السمعية البصرية في تعليم اللغة العربية لغير العرب، وأن نهتم بإنتاج البرامج

---

1. علي القاسمي (الدكتور): مختبر اللغة، دار القلم، الطبعة الأولى، 1390هـ – 1970م، ص:29-30. وأنظر:

j.b.hilton:language teaching, a systems of approach, Methuen education LTD. Fakenham

وخليل أحمد عمايرة (الأستاذ الدكتور) المقابلة بينه وبين الباحثة، مرجع سابق.

التعليمية المفيدة في تعليم اللغة العربية للناطقين بغيرها للمستويات كافة.

(٤) جهاز الحاسوب

إن استخدام الحاسوب أصبح ضرورة في التعليم النظامي، حيث أنه كابتكار تعليمي يتميز بسمات فريدة بصدد أن تجعله أحد المكونات المهمة منه. وإن القدرة الفائقة للكمبيوتر على تخزين المعلومات واسترجاعها تبرز استخدامه لقاعدة لتنمية الفهم والتفكير، والكمبيوتر يتفوق على سائر الأدوات التعليمية السابقة عليه، لأنه يتيح فرصة التفاعل بين المتعلم وموضوع التعلم ويزود المتعلم بخبرات عقلية وذاتية لا توفرها الأدوات الأخرى، وتمثل خبرة برمجة الكمبيوتر إحدى هذه الخبرات، فهي تدرب المتعلم على التفكير المنهجي من خلال تقسيم حل المشكلة إلى خطوات صغيرة متتالية.

وعلى ذلك نجد أن استخدام هذا الجهاز في تعليم اللغة العربية للناطقين بغيرها أمر ضروري لما يتميز به عن بقية الوسائل التعليمية.

ومن المؤسف جدا أننا نجد في العالم الثالث التخلف في المعاملة مع الحاسوب رغم كونه من أحدث ومن أحسن الوسائل التعليمية.

ومما ينبغي ذكره ويلاحظ أن هناك نقص شديد في إنتاج البرامج التعليمية المسجلة في الأقراص المدمجة المتعلقة بتعليم اللغة العربية للناطقين بغيرها، وإذا رأيت بعض هذه البرامج التعليمية، تجد فيها ملاحظات عديدة من جانب إعداد البرنامج من حيث عدم مساهمة

التربويين والخبراء في اللغة العربية في إعداده. وعلى ذلك، يجب الاستفادة من علماء التربية وعلماء اللغة معا لينتجوا مواد تعليمية ممتازة ومفيدة في هذا المجال1.

(٥) الاستفادة من الأجهزة الإعلانية2

إن للأجهزة الإعلانية منذ القدم تأثيرات في كل مجتمع، وبخاصة في عالمنا المعاصر الذي يطلع كل حين أجهزة جديدة، وأن كل مجتمع أي كان لا غنى لها مطلقا عن اتصال بعضها ببعض، سواء بنقل أخبارها أو أفكارها أو تبادل المنافع معها.

ولا ترى الباحثة هذه الأجهزة إلا ذات حدين، في طياتها الخير إذا استعملت في موضعها، وكذلك الشر إذا استخدمت في غير ذلك.

وينبغي لنا أن نستفيد ونستغل فرصة هذه الأجهزة في نشر اللغة العربية في العالم. والأجهزة الإعلامية كثيرة ونذكر منها ومدى إمكانية استفادتنا منها في نشر اللغة العربية.

★ الإذاعة:

إن الإذاعة من أكثر وسائل الإعلام رواجا، ولعل من أبرز العوامل

---

1. أنظر حسام المسترحي: كيف تستخدم الكمبيوتر والإنترنت، دار أسامة للنشر والتوزيع، عمان – الأردن، 1998م، ص:203 وأنظر أيضا محمد محمد الحيلة: تكنولوجيا التعليم بين النظرية والتطبيق، دار الميسرة للنشر والتوزيع والطباعة، 1998م،ص:352.

2. يوسف محمد قاسم (الدكتور):ضوابط الإسلام في الشريعة الإسلامية وأنظمة المملكة العربية السعودية، عمادة شؤون المكتبات – جامعة الرياض، طبعة 1399هـ –1979م، ص:5. والمنظمة العربية للتربية والثقافة والعلوم، دار الإعلام، تونس: التكامل بين أجهزة الثقافة في الوطن العربي، طبعة1984م، ص:53-54.

لذلك أن جهاز المذياع هو أرخص الأجهزة، وقلما تجد بيتا في أي بلد إلا وفيه مذياع ويدخل فيه أصوات إذاعية. لكن من المؤسف جدا أننا لا نحسن استخدام هذه الوسيلة.

وفي الإذاعة بث للأخبار وتعليم للكبار وللصغار، وتثقفهم وترفه عنهم وتسليهم. وهي كذلك وسيلة اتصال بين الأشخاص والشعوب. فهي إذن جهاز كامل الوظيفة.

وعلى ذلك، فلنا أن نستفيد من الإذاعة لتقديم بعض البرامج التعليمية في تدريس اللغة العربية، وبخاصة للناطقين بغيرها وتوعية الناس بالثقافة العربية الإسلامية.

ومن المؤسف أن هناك محطات إذاعية كثيرة في الوطن العربي أو في البلدان غير العربية وهي تقدم كثيرا من البرنامج أغلبيتها لا تفيد المجتمع فائدة كبيرة وتجد عند بعضها أن الاهتماء بقضايا اللغة العربية ضئيلة جدا، وعند بعضها غائب.

★ الصحافة:

وللصحافة دور كبير في المجتمع وخاصة في هذه الآونة الأخيرة عندما زاحمت الصحافة الوسائل الإعلامية الأخرى في ميدان تناقل مادة الأخبار وتقديمها يوميا إلى جمهور القراء بطريقة تجلب الأنظار وتزداد إغراء تدريجيا.

وتشمل الصحافة المكتوبة على صحف يومية: صباحية ومسائية وصحف أو مجلات أسبوعية ونصف شهرية وشهرية. وقد صار لهذه

النشران إضافة إلى دوريات النشر اختصاصات عديدة : مجالات اقتصادية و أخرى ثقافية ...

لكن عندما ننظر إلى صفحات الصحافة بأنواعها، قلما نجد منها ما يندم نشر اللغة العربية أو نشر تعليمها. واهتمام أصحاب الصحافة باللغة الدارجة أو العامية أكبر من اهتماماتهم بكتابات عربية فصحى .

وعلي ذلك، ترى الباحثة مناشدة المعنيين في هذه الصحافة إلى المساهمة في قضية نشر اللغة العربية[1].

★ التلفاز:

يعتبر جهاز التلفزيون أكبر الأجهزة المستخدمة في ميدان الإعلام وقد انتشر ببطء في البداية أي خلال الخمسينيات، ولكنه سرعان ما تطور وكثر رواجه خلال العقدين الماضيين، وذلك بسبب ما استطاع تقديمه إلى الجماهير العريضة من مشاهدات فورية لأحداث تقع على بعد مسافات كبيرة جدا، مثل نزول أول رجل على سطح القمر ...

ويتضح انشار التلفاز جليا من خلال هذه الإحصائيات، وجد التلفزيون في عام ١٩٥٠ في خمس دول فقط ، وتضاعف هذا العدد مرتين في عام ١٩٨٠، بينما يتمتع اليوم ما يفوق عن ١٨٨ دولة بالتلفزيون

---

1. يوسف محمد قاسم (الدكتور) : ضوابط الإعلام في الشريعة الإسلامية وأنظمة المملكة العربية السعودية، عمادة شؤون المكتبات – جامعة الرياض، طبعة 1399هـ -1979م. والمنظمة العربية للتربية والثقافة والعلوم، إدارة الإعلام ، تونس : التكامل بين أجهزة الثقافة في الوطن العربي، طبعة 1984م، ص : 53-54.

الفصل الرابع
تخطيط شامل لنشر اللغة العربية في العصر الحديث

بحيث أنه يوجد ما لا يقل عن ٣٠٠ مليون جهاز تلفاز في العالم.

إلا أن هناك ملاحظات عديدة على البرامج المبثوثة من المحطات التلفزيونية من حيث نشر اللغة العربية وتعليمها في العالم. وعلى ذلك، ترى الباحثة ضرورة مناشدة المسؤولين في الدول العربية أن تخصص بعض المحطات التلفزيونية إلى خارج الوطن العربي لتوعية العالم بالثقافة العربية الإسلامية واهتمامها بنشر اللغة العربية و تعاليمها[1].

★ الإنترنت:

والإنترنت هي شبكة دولية كبيرة تتواصل عبرها الملايين أجهزة الكمبيوتر لتبادل المعلومات بشتى أنواعها الرقمية و المرئية والسمعية أو حفظها واشترجاعها عند الطلب وبسرعة تزيد عن ٥٠ كيلوبايات في الثانية.

وهذه الشبكة الدولية للمعلومات تعد أسرع وسيلة من وسائل الإعلام التقليدية، حيث يمكن الحصول على أية معلومات حديثة فيها وأنت في غرفتك أو في مكتبك. وقد بلغ عدد مستخدميها اليوم أكثر من ٤٥ مليون شخصا في أنحاء العالم[2].

ونخص من خدمات هذه الشبكة من نشر اللغة العربية. وعندما

---

1. المنظمة العربية للتربية والثقافة والعلوم، إدارة الأعلام، تونس : التكامل بين أجهزة الثقافة في الوطن العربي، مرجع سابق ص 53-54.
2. المرجع السابق .

ننظر إلى مواقع في هذه الشبكة، نجد أن نصيب اللغة العربية فيها ضئيل جدا، والمعلومات الموجودة فيها باللغة العربية قليلة، وعلى ذلك ترى الباحثة فيها الأمور الآتية :

الأول: ضرورة تعريب المعلومات الموحودة في هذه الشبكة.

الثاني: ضرورة اهتمام المهندسين والخبراء بهذه الشبكة من الوطن العربي والعالم الإسلامي بقضايا اللغة العربية ونشر الثقافة العربية الإسلامية.

الثالث: مساهمة مؤسسات عربية تربوية في تدريس الراغبين في تعليم اللغة العربية عبر الإنترنت[1].

ومن المؤسف جدا أنه عند ما تتصفح الباحثة مواقع الشبكة الدولية للمعلومات، لا تجد من المعاهد والمؤسسات التربوية العربية من تقدم تعليم اللغة العربية لغير العرب، لذلك تدعو الباحثة معهد الخرطوم الدولي ومن على شاكلته من المؤسسات العربية التربوية إلى سرعة المساهمة في تعليم اللغة العربية لغير العرب في العالم عبر الشبكة الدولية للمعلومات.

1. المرجع نفسة .

الفصل الخامس

أهم النتائج والتوصيات والمقترحات

الفصل الخامس

أهم النتائج التوصيات المقترحات

المبحث الأول أهم النتائج

كل ما ذكر أعلاه أصبح في عنق الزجاجة أمام استراتيجيات نشر اللغة العربية في الصين في ظل العولمة وحوار الحضارات. وفي سبيل رفع مستوى تعليم اللغة العربية ودراستها في الصين ومن أجل إعداد أكبر المتخصصين ذوي كفاءة عالية لدعم وتطوير العلاقات الصينية العربية، تقدم الباحثة التوصيات والمقترحات التالية والتي ترى أنها تتفق مع أهداف الدراسة وأهمها ما يلي:

(١) عدم اتفاق العلماء المعاصرين على تعريف موحد للعولمة نتيجة لعدم وضوح جميع مجالاتها حتى الآن، أما أهم مجالاتها التي ظهرت معالمها وهي المجال الاقتصادي والمجال الاجتماعي والمجال الفكري والثقافي والمجال السياسي والمجال العسكري والمجال اللغوي.

(٢) إن مفهوم العولمة هو كسر الحواجز بين دول العالم لتتوحد اقتصاديا وسياسيا ولغويا.

(٣) إن النظرية الإسلامية للعولمة تسعى إلى توحيد أو جعل العالم كله في قرية واحدة، كما رأته العولمة الغربية، ولكنها تستمد مبادئها من العقيدة الإسلامية الغراء الصافية من كل شائبة، وأن الدين الإسلامي دين العولمة، والقرآن الكريم هو دستور متأهل لأن يحكم بين الناس في

جميع العالم، والنبي (صلى الله عليه وسلم) ما أرسل إلا ليكون للعالمين.

(٤) إن هناك مزايا تختص بها اللغة العربية، وأهمها قدرتها البقاء لأكثر من ستة عشر قرنا وهي وعاء للثقافة العربية الإسلامية التي لها مزايا تختص بها عن الثقافات والحضارات الأخرى. وأن الحضارة العربية الإسلامية هي حضارة ترحب بالحوار مع الحضارات الأخرى ولا تتعامل مع غيرها بالعنف والقسوة.

(٥) إن المكانة التي تحتلها اللغة العربية مكانة عالية في هذا العصر.

(٦) هناك تقصير من قبل العرب والمسلمين في نشر اللغة العربية التي هي اللغة القومية للعرب واللغة المقدسة لدى المسلمين ووعاء للثقافة العربية الإسلامية.

(٧) هناك حاجة ماسة لإنشاء مزيد من معاهد إعداد معلمي اللغة العربية لغير العرب في جميع أرجاء العالم، خاصة في جمهورية الصين الشعبية.

(٨) عدم اهتمام العرب والمسلمين اهتماما كافيا بتعليم اللغة العربية لغير العرب على الرغم من تزايد الراغبين في تعلمها لأغراض مختلفة في عصر العولمة.

الفصل الخامس
أهم النتائج التوصيات المقترحات

المبحث الثاني أهم التوصيات

هذا ما خلصت إليه الباحثة من توصيات ومقترحات تراها مفيدة في مجال نشر اللغة العربية في الإطار الذي حدده البحث.

أولا- أهم التوصيات إلى الأطراف المختلفة
أ ـ توصية موجهة إلى الدول العربية

(١) بث الوعي اللغوي بين أبناء الأمة العربية وإيقاظ غيرتهم على اللغة.

(٢) نشر التعليم ومحو الأمية في الوطن العربي، إذ لا يجوز أن تنشر اللغة العربية في الخارج وفي الوطن العربي جهل منتشر.

(٣) أن تفتح في البلاد الإسلامية وغيرها مراكزا ثقافية ذات أنشطة ثقافية متنوعة بوسائل مادية وبشرية متطورة تساعد في تعميق الشعور بالانتماء الحضاري. ويمكن أن تكون تلك المراكز الثقافية تحت رعاية سفارات الدول العربية في الخارج (السفارات والقنصليات في الصين مثلا).

(٤) حث الدول الإسلامية على تدريس العربية في مدارسها

وجامعاتها ويجب أن تكون هذه المسألة مادة إجبارية في جميع اتفاقيات الدول العربية الثقافية مع الدول الأخرى.

(٥) السعى إلى التنسيق التام بين الجامعات العربية التي فيها أقسام اللغة العربية وبين جامعات أخرى في خارج الوطن العربي (الجامعات الصينية التي فيها كلية اللغة العربية مثلا). وأن تكون هناك جهة مخصصة في ذلك.

(٦) تفعيل كل المؤسسات العربية خارج الوطن العربي (مكتب جامعة الدول العربية ببكين مثلا) من أجل العمل على تدريس العربية مجانا والترغيب فيه.

(٧) تدريس مادة اللغة العربية لغير العرب في جامعات الوطن العربي كافة وفتح أقسام متخصصة لذلك.

(٨) مناشدة المعنيين بالأمر في الدول العربية بالعناية التامة بالترجمة والتعريب والاجتهاد في تأسيس المزيد من معاهد الترجمة.

(٩) استخدام التقنيات الحديثة وبرامج المعلومات الحديثة في الترجمة وتخزين المعاجم وتصنيف القواعد المعطيات.

(١٠) ضرورة تعريب الشبكات الدولية للمعلومات لتيسير البحث فيها للمتحدثين باللغة العربية.

(١١) ضرورة الاستفادة التامة من الأجهزة الإعلامية العربية لنشر

اللغة العربية لغير العرب واستخدام أوقات بعض البرامج لمصلحة نشر اللغة العربية.

(١٢) دعوة هذه الدول العربية إلى اتخاذ قرارات لازمة اتجاه كل من يسئ إلى اللغة العربية الفصيحة سواء في مجال التعليم أو في الدوئر الحكومية أو في الأجهزة الإعلامية.

(١٣) القيام بالدراسات المتعلقة بنشر اللغة العربية والثقافة العربية الإسلامية في الصين مثل:

الأول: تعليم اللغة العربية عبر الشبكة الدولية للمعلومات.

الثاني: تقويم مناهج مؤسسات معاهد تعليم اللغة العربية لغير العرب.

الثالث: إعداد معلمي اللغة العربية في عصر العولمة.

الرابع: توحيد جهود مؤسسات تعليم اللغة العربية ودوره في نشر اللغة العربية.

الخامس: الحوار ودوره في عصر الحديث بين الحضارات السائدة.

ب ـ توصيات موجهة إلى المنظمات العربية الإسلامية

(١) القيام بإعداد معاجم لغوية ثنائية اللغة بين اللغة العربية واللغات الأخرى في معاهد تعليم اللغة العربية للناطقين بغيرها وغيرها من معاهد إعداد معلمي اللغة العربية والخبراء في مجال نشر تعليم اللغة العربية والثقافة العربية الإسلامية.

(٢) الاهتمام البالغ بنشر تعليم اللغة العربية في خارج الوطن العربي عبر تأسيس معاهد نشر اللغة العربية لغير العرب.

(٣) العناية التامة بإعداد معلمي اللغة العربية للناطقين بغيرها وتأسيس أكثر من معهد إعداد المعلمين للغة العربية في الوطن العربي وخارجه.

(٤) العمل على إنتاج الأفلام التعليمية والتربوية في مجال نشر اللغة العربية والثقافة العربية الإسلامية بمشاركة الخبراء في التربية والخبراء في اللغة والفن.

ثانيا ـ أهم المقترحات

إن نشر اللغة العربية والثقافة العربية الإسلامية في الصين يعتبران قضيتين عظيمتين على أكتافنا، هما يستحقان منا أن نوليهما عناية وتأييدا بصورة خاصة، فمع استمرار تطور العلاقات الصينية العربية في المجالات السياسية والاقتصادية والتجارية والثقافية والاجتماعية وغيرها، تلقى اللغة العربية إقبالا كبيرا في الصين، ومن ثم يستقبل نشر اللغة العربية ودراستها في الصين فرصا جديدة ويشهد تطورا جديدا.فلنبذل من أجل ذلك جهودا مشتركة لإجراء مزيد من الدراسات الميدانية عن هذا الموضوع وفيما يلي تقدم الباحثة بعض المقترحات والتي من شأنها أن تدعم سيرة نشر اللغة العربية في الصين

الفصل الخامس
أهم النتائج التوصيات المقترحات

(١) أن يقوم الجانبان الصيني والعربي بتمويل برامج للمعلمين الصينيين لتزويد الجامعات والمعاهد الصينية التي تعني بتعليم اللغة العربية بالمواد التعليمية والأجهزة والوسائل التعليمية.

(٢) إيفاد المعلمين المتخصصين في تعليم اللغة العربية للناطقين بغيرها على أن يتم ذلك عن طريق المنظمة العربية للتربية والثقافة والعلوم التي ستقوم بالتنفيذ والتنسيق في هذا المجال، وضرورة قيام هذه المنظمات بالتنسيق التام فيما بينها لتوحيد جهودها في نشر اللغة العربية.

(٣) دعوة هذه المنظمات لإجراء الدراسات والبحوث في الصين لمعرفة احتياجاتها الحقيقية في هذا الميدان وجعل الأغراض والأهداف نقطة انطلاق لوضع منهج تعليم اللغة العربية للناطقين باللغة الصينية.

(٤) قيام الجامعات العربية بتنظيم الدورات الصيفية الخاصة لتعليم اللغة العربية للمعلمين الصينيين لفترات متفاوتة: ثلاثة أسابيع أو شهر أو ستة أسابيع أو شهران، على غرار ما تقوم به الجامعة الإسلامية بالمدينة المنورة خارج المملكة العربية السعودية من تعليم مدرسي اللغة العربية والثقافة الإسلامية.

الملاحق

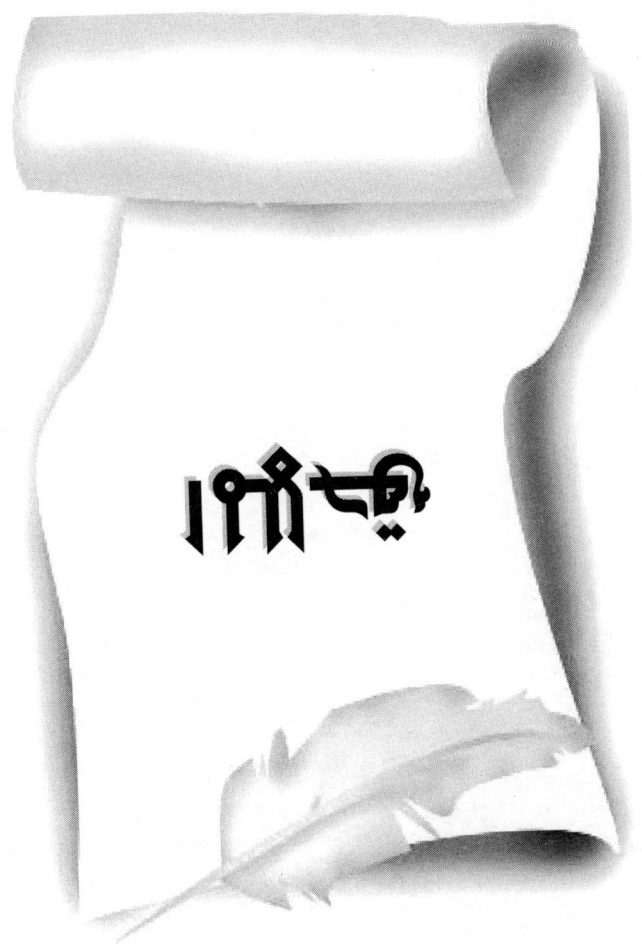

ملحق رقم (١) الدروس النموذجية

التَّسَوُّقُ

سجَّلَ نور في ورقةٍ ما يحتاجُهُ منْ موادَّ غذائيَّةٍ لِيشترِيَها منْ دُكَّانِ البقَّالِ. كانت المَوادُّ الغذائيةُ في الدّكانِ الواسعِ مرتَّبةً فوقَ الرفوف ومنظَّمةً بحسب أنواعها المتعدِّدة. وبعدَما دخلَ(الدكان) تناولَ سلَّةً صغيرةً من جانبِ البابِ وبدأَ يختارُ ما يريدُ منَ الرُّفوفِ، وضعَ في السَّلّةِ رغيفاً وقالباً من الجُبنِ ، وعلبةً من الشَّايِ وكِيساً منَ السُّكّرِ وعدداً من البيضِ وقِطْعَةً منَ الزُّبدةِ، وزُجاجَةً منَ الزَّيتِ وانتقى نُور بعض الخضار كالبطاطس والباذنجان والطماطم والجزر والخيار وقليلاً من الفاكهة كالتُّفاح والموز والبرتقال ثم توجه إلى الصندوق فَدَفَعَ الحسابَ. عادَ نُور إلى البيتِ مسروراً يشكرُ اللهَ على نِعَمِهِ الكثيرةِ.

استراتيجيات نشر اللغة العربية في الصين
في ظل العولمة وحوار الحضارات

- من أين نشتري المواد الغذائية؟

- ما المواد الغذائية التي اشتراها نور ؟

- عدد الخضار والفواكه التي اشتراها.

- اذكر مواد لم ترد في النص.

- ما الأوزان والمكاييل المعتمدة في تقدير المواد الغذائية؟

- هل تستمتع عندما تذهب للتسوق ولماذا؟

كلمات وتعابير

جوز	زيتون	كوسا	كرز	رز	مربى	بصل	توت
عدس	لبن	ثوم	قرع	تفاح	حليب	باذنجان	ليمون
فول	لبن	نعناع	برتقال	معكرونة	شاي	كباب
عنب	سكر	قهوة	فجل	يوسفي	ملح	عصير	بطيخ
حلاوة	خس	رمان	تمر

المكاييل والموازين : كيلو ـ ربع كيلو ـ نصف كيلو ـ ليتر ـ أوقية ـ طن ـ رطل

238

اَلْحَلاّقُ

صالون حلاقة

يَهْتَمُّ نور بمظهرِهِ الأَنِيْقِ وشَعْرِهِ كَثيراً. وَقَدِ اعْتَادَ زِيارَةَ حلاّقٍ قَرِيْبٍ مِنْ دارِهِ في حَيِّ الجِيزَة بالقاهرة، هو أَبُو مُحَمَّدٍ، سعيدٌ البَكْرِيُّ. قالَ نور: دخلْتُ دُكَّانَ حلاّقِي لِأَقُصّ شَعْرِي، وجلسْتُ على كرسِيِّ الحِلاقَةِ تجاهَ مِرْآةٍ كَبِيرةٍ ، تقابِلُ أُخرَى على الجِدارِ الْخَلْفِيِّ ، وضَعَ الحلاق فوطةً على صدري. وأَخَذَ يقصُّ لي بِالمِشْطِ والمِقَصِّ، وكانَ في أثناءِ ذلكَ يُحَدِّثُنِي بموضوعاتٍ عديدةٍ على عادَةِ الحلاَّقِينَ. ولما انتهَى أَبُو مُحَمَّدٍ منَ الحلاقةِ ذرَّ على رَقَبَتِي قليلاً من المساحيق، ثُمَّ أزالَ آثارَها بالفُرْشَاةِ. وأخِيراً رشَّ عَلَى وَجْهِي وَرَأْسِي شيئاً منَ العِطْرِ المُنعِش. وقالَ لي: ((نَعِيماً)).

استراتيجيات نشر اللغة العربية في الصين
في ظل العولمة وحوار الحضارات

- ما اسم الحلاق الذي يزوره نور ؟

- ما لقبه؟

- ما أهم أدوات الحلاق؟

- بم يتصف معظم الحلاقين؟

- هل تعرف عادات أو حركات غريبة يقوم بها الحلاق؟

- متى تقص شعرك؟

- هل تحلق ذقنك عند الحلاق؟

- ماذا يقول الحلاق للزبون عندما ينتهي من الحلاقة؟

كلمات وتعابير

عطلة أسبوعية   لحية   حلاقة السيدات   حلاقة الذقن   قطن

حلاق الرجال   تقصير الشعر   صالة التجميل   تسريحة الشعر

شعر طويل   شفرة   شعر قصير   معجون حلاقة   ملقط

الشعر   منشفة   الانتظار

240

الجزّارُ

اِنطلقَ نور إلى السُّوقِ مُسرِعاً، فاشتَرى ما يحتاجُهُ لِدعوةِ أصدقائِهِ. اِنتقَى منَ الخضارِ والفَاكهةِ كفايَتَهُ، ثمَّ دخلَ إلى دكّانِ الجزارِ أبي أحمدَ المشهورِ بأمانَتِهِ ونظافتِهِ. وقرأ في لوحةٍ معلّقةٍ على الجدارِ قولَ اللهِ تعالى: (إِيَّاكَ نَعْبُدُ وَإِيَّاكَ نَسْتَعِينُ). ألقى التحيَّةَ عليهِ وانتَظَرَ دورَهُ بينَ الزبائِنِ الواقِفِينَ، فلمَّا فرَغَ الجزارُ منهم طلبَ نور منه لحماً مَفْرُوماً وقليلاً منَ الدُّهْنِ ليصنَعَ الوَجبَةَ المَطْلُوبَةَ، كما طلبَ قليلاً منَ الشَّرْحاتِ واللحمةِ الهَبْرَةِ. دفعَ نور ثمنَ ما اشترى من اللحم. ولما أرادَ الانصرافَ قالَ لهُ الجزارُ:

- لا تُؤَاخِذني، لقدْ أَخْطَأتُ في الحسابِ، بَقِيَ لكَ عَشرُ جُنَيْهاتٍ.

- شكراً.

- لماذا انطلق نور إلى السوق مسرعاً؟
- ماذا يعد نور في بيته؟
- ماذا يجب على المسلم أن يفعله عندما يذبح حيواناً؟
- لماذا يذبح المسلم الحيوانات ولا يصعقها؟
- ما اللحوم المحرمة عند المسلمين؟

كلمات وتعابير

لحم كباب   لحم مشوي   لحم مقلي   لحم بالعظام   لحمة
فخذ   لحمة رأس   نقانق   كبدة   بيضات   طحال
كلاوي   قلوبات   سجق   مقادم ساطور   سكين   مسن
سيخ   فرامة لحمة   دفّ اللحام   كلاّبات

اَلْمُسْتَشْفَى

البارحةَ قضيتُ ليلةً مؤلمةً، شعرْتُ فيها بألمٍ شديدٍ في بطني وتعرَّضْتُ لإسهالٍ وَإِقْيَاءٍ، وشعرْتُ بصداعٍ في رأسي فوقَ الاحتمالِ. وفي الصباح جاءَني صديقي خالدٌ فتوجَّهْنا إلى قِسْمِ الإسعافِ في مُسْتَشفى الحيِّ. أسرعَ المُمَرِّضُ المُناوِبُ فقامَ بإجراءاتِ الدُّخُولِ المطلوبةِ، وأَعدَّ لي بطاقةً خاصةً، سَجَّلَ فيها معلوماتٍ مبدئيةً عَنِّي (اِسْمي . عُمْري . جِنْسِيَّتي وَزْني . طُوْلي . درجةُ حَرارتي ضَغْطي . الألمُ الذي أشكو منه . .). ثم حَوَّلَني إلى غرفةِ المعالجةِ فاستلقيتُ على سريرِ الكشفِ، حيث جاءَني طبيبٌ مختص. وبنتيجةِ الفحصِ تَبَيَّنَ أَنَّني مصابٌ بالتهابٍ في أمعائي، ونصحَني باتِّباعِ حِمْيَةٍ، أتناولُ خلالَها اللبنَ الرائبَ والبطاطا وعصيرَ الليمونِ، وكتبَ لي وصفةً بالأدويةِ المناسبةِ، ثم طلبَ مني أنْ أرتاحَ في البيتِ يَومينِ على الأقلِّ.

استراتيجيات نشر اللغة العربية في الصين
في ظل العولمة وحوار الحضارات

+ كيف قضى نور تلك الليلة؟

+ ما المرض الذي أصابه؟

+ من الذي استقبله في المستشفى؟ وماذا صنع له؟

+ بماذا نصح الطبيب نورا؟

+ ماذا كتب له؟

كلمات وتعابير

تخطيط قلب	تصوير أشعة	رنين مغناطيسي	عملية جراحية
تحليل دم	توليد	حمية	غسيل كلاوي	غسيل معدة
تضميد جروح	لقاح	تجبير كسور	غسيل أذن	عناية
مشددة	مخبر تبرع بالدم	أنفلونزا	طاعون	سرطان
نقص مناعة	إمساك	ربو	تشنج	أورام
التهاب	شلل	جروح	ضغط دم	ارتفاع حرارة	رشح
كوليرا	قرحة		

الخَبَّازُ

دخلَ نور مَخبَزَ الحيِّ لشراءِ الخبزِ وبعضِ المُعَجَّنَاتِ . وقالَ للخباز:

- من فضلِكَ أريدُ رغيفَينِ وثلاثَ قِطَعٍ منَ الفطائرِ التي اشتريتُ أمسِ.
- عندي كعكٌ طازجٌ ، هل تريدُ منه؟
- لا، شكراً.
- عندي أيضاً أنواعٌ كثيرةٌ منَ الحلوياتِ : نَمُّورَةٌ ، وهَرِيسةٌ، ووَرْداتٌ بالقشطةِ، وكُنافَةٌ بالفُستُقِ، فماذا تريدُ منها؟
- زِنْ لي لو سمحت كيلو غرام واحداً من الحلويات المشكَّلَةِ.
- هل تحبُّ المعجناتِ؟
- لا، أصدقائي همُ الذينَ يحبونَها.

استراتيجيات نشر اللغة العربية في الصين
في ظل العولمة وحوار الحضارات

🔸 ذهب نور إلي أي مخبز؟

🔸 ماذا اشتري نور منه؟

🔸 ماذا اشترى نور أمس؟

🔸 كم قطعة من الفطائر اشتراه نور أمس؟

🔸 هل في المخبر كعك طازج؟

🔸 هل يريد نور شراء الكعك الطازج اليوم؟

🔸 هل اشترى نور الحلويات المشكلة؟

🔸 من يحب الحلويات المشكلة؟

كلمات وتعابير

عطلة أسبوعية   لحية   حلاقة السيدات   حلاقة الذقن   قطن

حلاق الرجال   تقصير الشعر   صالة التجميل   تسريحة الشعر

شعر طويل   شفرة   شعر قصير   معجون حلاقة   ملقط

الشعر   منشفة   الانتظار

في المَطْعَم

نور وصديقُهُ خالدٌ يتناولانِ طعامَ الغَدَاءِ غالباً في مطعمٍ نظيفٍ قريبٍ منَ جَامِعةِ القَاهِرةِ، يجتمعانِ فيهِ بالأصدقاءِ، ويرتاحانِ للسرعةِ والإتقانِ في تلبيةِ الطلباتِ، وتقديمِ المُقبِّلاتِ المتنوعةِ كالحمصِ والتبولةِ والفتوشِ والسلطةِ والأطعمةِ الشهيَّةِ كالدَّجاجِ والأَرُزِ والكُبَّةِ واللُّحومِ المَشويَّةِ والحساءِ. وعندَما يدخلانِ يأتي إليهما المضيفُ يسألهُما ماذا يأكُلانِ. ويقدمُ لهما قائمةَ الأطعمةِ. سألاه في هذا اليومِ:

- ما طبقُ اليومِ؟   - باذنجانِ بالأرزِ.

- وماذا عندكم من المأكولاتِ الأخرى؟   - يمكنُ أن تجداها في القائمةِ.

- هل تترك لنا وقتاً لنختارَ؟

أما بقيةُ الأصدقاءِ فيأتون معهما أحياناً، أو يسبقونهما وعندها لن يجدوا الطعامَ جاهزاً لأن الوجبةَ اليوميةَ تقدم في موعدها المحدد.

- أين يتناول نور وصديقه غالبا؟
- ما يطلب نور وأصدقاؤه عادة؟
- من يقدم لهم خدمة ؟
- ما طبق اليوم؟
- هل يمكنهم أن يتناولوا الطعام في أي وقت؟
- كيف حال بقية أصدقاء نور؟

كلمات وتعابير

عصير ساخن بارد طازج سكب الطعام قائمة الطعام سبانخ ملفوف محجوز بازلاء الرز مقلية الحساب كباب بيتزا منديل خضر مشكلة حلويات زبائن صفيحة شطائر إكرامية فخذة بالبطاط بطاطا

البحثُ عنْ منزلٍ

دخلَ نور إلى مكتبٍ عقاريّ ليستأجرَ شقةً، يستقرُّ فيها لإقامتِهِ الطَّويلةِ. قال للدلال:

- بحثُ عنْ منزلٍ صغيرٍ مفروشٍ.
- هلْ تريدُ غرفةً معَ أُسْرَةٍ؟
- لا أريدُ شَقةً مستقلةً وحدي.
- عندي ما تريدُ ، شقةٌ منْ غُرفَتيْنِ ومطبخٍ وحمَّامٍ.
- كَمْ أُجرتُهَا؟
- حَوالَي ثلاثةِ آلافٍ في الشهرِ ، وهي رخيصةٌ كما ترى.
- هل في الشقةِ هاتف؟
- نعم بالطبع وفيها ما تحتاج إليه من وسائل الراحة.

- حَسَنٌ، هلْ نذهبُ لنراهَا.

- طبعاً، وإن أعجبَتكَ فسنكتبُ عقدَ الإيجارِ ونذهبُ إلى مخفر الشرطة لتسجيلِ محضرِ تعريفٍ لكَ.

- إلى أين ذهب ليبحث عن البيت؟
- ما عمل الدلال في المكاتب العقارية؟
- مم يتألف البيت الذي وجده نور؟
- كم أجرة المنزل الذي وجده؟
- أتفضل أن تسكن وحدك أم في بيت مشترك؟
- ما الأدوات الضرورية التي يجب توافرها في البيوت عادة؟

كلمات وتعابير

شارع	حي	بناء	موقف سيارات	حديقة	دار
مفتاح	غرفة للإيجار	إعلان في	جريدة	محضر	
تعريف	المالك	جيران	إصلاحات	أعمال الصيانة	
هاتف	الأثاث	الكهرباء	الماء		

مَكْتَبُ الْبَرِيْدِ

في ذلك المساءِ حينَ رجَعَ نور منَ المعهدِ أَتَاهُ جَارُهُ، فقالَ لهُ: هذهِ ورقةٌ أرسلُوها، تُخبِرُ عنْ وجودِ رسالةٍ مضمُونَةٍ لكَ في مكتبِ البريدِ العامّ. وفي اليومِ التالي قصدَ نُور شُبَّاكَ البريدِ فسلَّمَهُ الموظفُ تلكَ الرسالةَ التي بعثَ بها والدُهُ من فَرَنسَةَ وَ سَرْعانَ ما فَتَحَهَا واطْمَأن على أهلِهِ وعَرَفَ أَخْبَارَهُمْ.

كان مكتبُ البريدِ مزدحماً بالنَّاسِ فقالَ نُور في نفسِهِ ماذَا يفعلُ هؤلاءِ؟ وما لَبِثَ أَنْ رَأَى فيهِم أَصْدِقَاءَهُ . . . أرادَ أحدُهُم أن يشتريَ طوابعَ للرسائلِ، كمَا اتَّصَل صديقٌ آخرُ بأخيهِ في ماليزيةَ على البريدِ الإلكترونيِّ، وأحبَّ ثالثٌ شراءَ مجموعاتٍ منَ الطوابعِ التِّذكاريةِ، تحدَّثَ نُور معَ صديقٍ لهُ بالهاتفِ الموضوعِ في إِحدى الزَّوايا، بينَما كان بعضُهم يَتَسَلَّمُ حوالَةً بَرِيدِيَّةً.

- ماذا وجد نُور على باب شقته؟
- ماذا فعل نُور في اليوم التالي؟
- صف ماذا فعل كل صديق من أصدقاء نُور؟
- هل تحب هواية جمع الطوابع؟ ولماذا؟
- من الذي يوزع الرسائل البريدية على أصحابها؟
- ما الخدمات التي يقدمها مركز البريد والبرق والهاتف؟
- هل المراسلة من هواياتك؟
- اذكر بعض الهوايات المفيدة؟

كلمات وتعابير

بريد عادي   بريد مضمون   بريد سريع   بريد إلكتروني
برقية   بريد خارجي   بريد جوي   بريد داخلي   مخابرة
دولية   مخابرة خارجية   مغلف   مرسل   مرسل إليه
عنوان   أنموذج   صندوق البريد   صندوق توفير البريد
ساعي البريد   طرود بريدية   حوالات بريدية

إدارةُ الهجْرَةِ وَالجوَازَاتِ

عندَما وصلَ نور إلى المطارِ وقدَّمَ جوازَ سفرِهِ إلى قسمِ الهجرةِ وعليهِ تأشيرةُ الدُّخولِ قالُوا لَهُ: راجعْ إدارةَ الهجرةِ والجوازاتِ للْحصولِ على إذنٍ بالإقامةِ. وهو الآنَ أمامِ الموظفِّ المختصِّ يقولُ لهُ:

- أنا نُور بنُ ابراهيم، قَدَّمْتُ طلباً منذُ أسبوعٍ، وهذا رَقَم طلبي وتاريخُهُ، أريدُ أن أعرفَ ماذا تمَّ بشأنِهِ.

- أنتَ نُور؟ (يبحثُ في سجلٍّ أمامَهُ) أَجَلْ وهو جاهزٌ. ولكنْ هل أحضرْتَ وثيقةً منَ المعهدِ الذي تدرسُ فيه؟

- نعم ، هذهِ هي الرسالةُ . . . تفضَّلْ.

- من فضلِكَ، راجعْ مكتبَ إقامةِ الأجانبِ المقابلَ لمكتبِنا لتتسلَّمَ شهادةَ الإقامةِ.

- شكراً لكَ على لطفِكَ وخِدمَتِكَ.

- ماذا يحتاج المسافر ليقيم في بلد أجنبي؟
- ما الوثائق التي يصطحبها؟
- ما اسم الإدارة المسؤولة عن الإقامات وشؤون الأجانب؟
- ماذا طلب الموظف من نُور بالإضافة إلى الوثائق؟

كلمات وتعابير

تأشيرة خروج	تأشيرة دخول	أختام رسمية	توقيع
تعهد	صور شخصية	طوابع مالية	أوراق ثبوتية
تجديد الإقامة	مخالفة	تاريخ الانتهاء	مغادرة
مواطن	أجنبي	مغترب	وافد

اَلْمَطَارُ

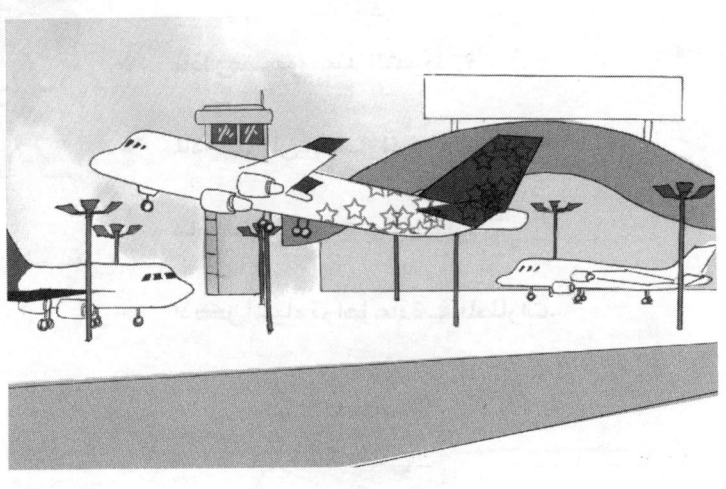

نور شَابٌّ صِينِيُّ الأَصْلِ، وَصَلَ عَلَى الطَّائِرَةِ الْقَادِمَةِ مِنَ الصِّينِ. وَبَعْدَ أَنْ هَبَطَتْ فِي الْمَطَارِ الدُّوَلِيِّ. دَخَلَ مَعَ الْمُسَافِرِينَ القَادِمِينَ، فَوَقَفَ عِنْدَ الشُّرْطَةِ لِخَتمِ الْجَوَازِ، ثُمَّ انتقلَ إِلَى الْجمَارِكِ لِتَفْتِيشِ الأَمْتِعَةِ. وَلَمَّا انتَهَى مِنْ إِجْرَاءاتِ الدُّخُولِ وَضَعَ حَقِيبَتَهُ الْكَبِيرَةَ عَلَى عَرَبَةٍ دفعها أَمَامَهُ إلى الْبَهْوِ الْخَارِجِيِّ الْوَاسِعِ، فَشَاهَدَ النَّاسَ الْمُزْدَحِمِينَ، كَانَ الْحَمَّالون يَنقُلُونَ البضَائِعَ، وَعُمَّالُ التَّنظِيفِ يَكْنِسُونَ الأَرْض، والْمُسَافِرُونَ فِي كُلِّ مَكَانٍ. وَرَأى الطَّيَّارِينَ بِلِبَاسِهِمِ الرَّسْمِيِّ يَصْحَبُهُمُ الْمُضِيفُونَ وَالْمُضِيفَاتُ. أَبْصَرَ جَمَاعَاتٍ مِنَ السَّائِحِينَ هُنَا وَهُنَاك.

استراتيجيات نشر اللغة العربية في الصين
في ظل العولمة وحوار الحضارات

- من أين قدمت طائرة نور ؟

- لماذا وقف نور عند الشرطة؟

- لماذا جاء إلى الجمارك؟

- ماذا شاهد نور في بهو المطار؟

- اذكر أشياء تراها عادة في المطارات.

الفعل

✓   وصل نور

✓   هبطت الطائرة.

✓   وقف عند الشرطة.

✓   ينقل الحمالون الحقائب.

✓   يكنس عمال التنظيف الأرض.

الطَّرِيقُ إلَى الْمَدِينَةِ

بعدمَا خَرَجَ نور مِنَ الْمَطَارِ، وَرَكِبَ سيَّارَةَ أُجْرَةٍ صَغِيرَةً. قالَ لِلسَّائِقِ: خُذْنِي إلى فُنْدُقٍ رَخيصٍ نَظِيفٍ (مُتَواضِعٍ) أَوْ إِلى بَيتِ الشَّبابِ. كَانَ الطَّرِيقُ إِلى القَاهِرَةِ عَرِيضاً مُخَطَّطاً، عَلى جَانِبَيْهِ أَشْجارٌ خَضْراءُ، وَفِي وَسَطِهِ أَعْمِدَةُ الكَهْرَباءِ. تَظْهَرُ أَحياناً فِي طَرَفَيْهِ لَوْحاتُ إِعْلاناتٍ أو شاخِصاتُ مُرُور، وَتَعْتَرِضُهُ جُسُورٌ وَأَنْفَاقٌ. وَفِي المدينةِ كانَ شُرْطَةُ المُرورِ يُنَظِّمونَ السَّيْرَ فِي السَّاحاتِ العَامَّةِ ومُتَعَطَّفَاتِ الشَّوارِعِ وَعِنْدَ مَمَرَّاتِ المُشاةِ. وكانَتِ السَّيَّاراتُ والشَّاحِنَاتُ والحَافِلاتُ تَزْدَحِمُ كُلَّما اقْتَرَبَ نور مِنْ مَرْكَزِ المَدِينَةِ. حتَّى وَصلَ أَخيراً إِلَى الفُنْدُقِ المَطْلُوبِ.

- من أين خرج نور ؟
- ماذا ركب إلى المدينة؟
- ماذا قال للسائق؟
- كيف كان الطريق إلى القاهرة؟
- ماذا يفعل رجال شرطة المرور؟
- كيف كانت السيارات والشاحنات والحافلات؟

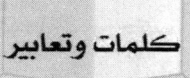

كلمات وتعابير

مدرج الطائرات أقلعت الطائرة برج المراقبة درجة أولى

درجة سياحية الاستقبال التوديع تأشيرة الدخول

وصول مغادرة حجز بطاقة سفر ممر المغادرين

ممر القادمين مصلى قاعة انتظار دورة مياه بائع

المطبوعات مصرف هاتف العموم بوابة خروج

مرور (ترانزيت)

في الفُنْدُق

وَقَفتِ السَّيارَةُ عِندَ بابِ الفُندُقِ، وَنزَلَ نور مِنها ثُمَّ دَخَلَ إِلى البَهْوِ. وَتَوَجَّهَ إِلى جَناحِ الاستِعلاماتِ.

- نُور: السّلامُ علَيْكمْ.
- الموظَّفُ: وَعَلَيكمُ السَّلامُ، أَهلاً وسَهْلا.
- مِنْ فضلِكَ أُريدُ غُرفَةً بسَريرٍ واحِدٍ ، وَأُفضِّلُ أنْ تُطِلَ علَى الحديقةِ.
- لُطفاً أعطِني جوازَ سفرِكَ.
- تفضَّلْ.
- هذا هو المِفْتَاحُ، رقْمُ غُرفَتِكَ ٢١١.
- كمْ أُجْرتها؟
- ثلاثُ مئةِ ليرةٍ سوريةٍ معَ طعامِ الإِفطارِ.

- أين وقفت السيارة؟
- من نزل منها؟
- ماذا طلب نور من موظف الاستعلامات؟
- ماذا طلب الموظف من نور ؟
- نور يحب الطبيعة الجميلة. كيف تعرف ذلك؟
- أين تفضل العيش؟ في شقة أم في فندق ؟ ولماذا.
- طلب نور غرفة بسرير واحد. ما أنواع الغرف في الفنادق؟

كلمات وتعابير

استقبال　　موظف استعلامات　　صالة　　غرفة مكيفة

أجرة المبيت　　طعام العشاء　　طعام الغداء　　طعام الفطور

حجز غرفة　　غرفة خاصة　　جناح　　غرفة مشتركة

رقم الغرفة　　قائمة الأسعار　　الحسم　　الخدمة　　نادل

ملحق رقم (٢) الدروس النموذجية

الدرس الأول: الضمائر ـ النسبة ـ الزمن

الضمائر

	أنا	أنت	نحن
أرسم زهرة	أنا أرسم زهرة	أنت ترسم زهرة	نحن نرسم زهرة
أكتب الدرس	أنا أكتب الدرس	أنت تكتب الدرس	نحن نكتب الدرس
أقرأ النص	أنا أقرأ النص	أنت تقرأ النص	نحن نقرأ النص
أسمع الصوت	أنا أسمع الصوت	أنت تسمع الصوت	نحن نسمع الصوت

من — لمن — ما

من هذا؟ هذا سالم.

ما هذه؟ هذه ليلى.

لمن هذا الكتاب؟ هذا الكتاب لفاطمة.

لمن هذه الساعة؟ هذه الساعة لأمين.

ما هذا؟ هذا كتاب.

ما هذه؟ هذه ساعة.

ما هذا ؟

ما هذه ؟

هل هذه أريكة؟

هل هذا تاب؟

هل هذا طابع؟

هل هذه ساعة؟

هل هذه كرة ؟

هل هذه بنت؟

هل هذا كلب؟

هل هذا ولد؟

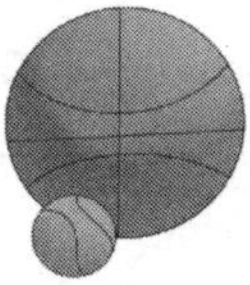

كيف نستخدم الضمائر في المواقف المختلفة؟

لوحة ←

سمكة ←

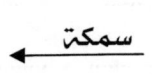

شطيرة ←

شجرة ←

بيت ←

برج ←

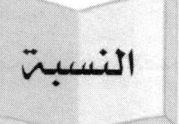

النسبة

باكستان باكستاني باكستانية

روسية	....	....	بريطانيا	....	....
الهند	....	....	أوزباكستان	....	....
تركيا	....	....	السويد	....	....
ماليزيا	....	....	أمريكا	....	....
اليونان	....	....	النرويج	....	....
أندونيسيا	....	....	كوبا	....	....
إيطاليا	....	....	الدنمارك	....	....
بنغلادش	....	....	الأرجنتين	....	....
ألبانيا	....	....	فنلاندة	....	....
أفغانستان	....	....	هنغاريا	....	....
تايلاند	....	....	البرازيل	....	....
فرنسا	....	....	بلغاريا	....	....
الصين	....	....	كندا	....	....
ألمانية	....	....	البوسنة	....	....
داغستان	....	....	المكسيك	....	....

الزمن

القرن = ١٠٠ سنة

السنة = ٤ فصول　　　اليوم = ٢٤ ساعة

الفصل = ٣ أشهر　　　الساعة = ٦٠ دقيقة

الشهر = ٣٠ يوم (تقريباً)　　　الدقيقة = ٦٠ ثانية

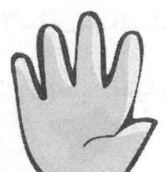

كم إصبعاً في اليد؟

في اليد خمسة أصابع.

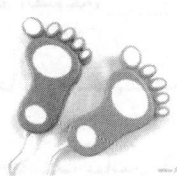

كم قدماً في الجسم؟

في الجسم قدمان.

استراتيجيات نشر اللغة العربية في الصين
في ظل العولمة وحوار الحضارات

أكمل الأرقام المناسبة في الفراغات الآتية بالتسلسل:

١ ٢ ٣ ٤ ٥ ٦ ٧ ٨ ٩ ١٠

١١ .... ٢٠

٢١..... .... ٣٠

٣١ .... ٤٠

٤١ ....٥٠

تقوم من النوم في الساعة ________ عادة.

تنظف الأسنان في الساعة ________عادة.

تذهب إلى الملعب للقيام بالرياضة في

الساعة____.

تفطر في الساعة ________.

تبدأ المحاضرة في الساعة ______ صباحا.

تستريح نصف ساعة في الساعد ______ عند الظهر.

تتغدي وتتعشى في الساعة _________.

الدرس الثاني: الرَّأسُ ـ الْحَوَاسُ

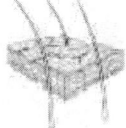

العين الأذن الأنف الفم البشرة

آكُلُ وَنشرَبُ وَنَتَذَوَّقُ بِالفمِ — نَسْمَعُ الأَصْوَاتَ بِالأُذُنِ

نُبْصرُ المَوْجُوْداتِ بِالْعَيْنِ — نُحِسُّ الأَشياءَ بِالْبَشَرَةِ

نَشُمُّ الرَّوَائحَ بِالأَنْفِ

العضو		الحاسة
العين	=	النظر
الأذن	=	السمع
الأنف	=	الشم
اللسان	=	التذوق
البشرة	=	الإحساس

في ظل العولمة وحوار الحضارات

احفظ أسماء جسم الإنسان جيدا

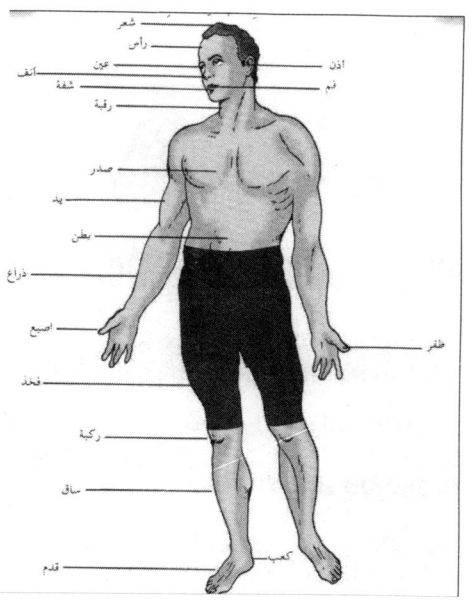

كلمات وتعابير

وجه	خد	جبهة	عين
أذن	أنف	شفة	لحية
أسنان	شعر	أهداب	جفن
لسان	حاجب	ذقن	شاربان

268

المصادر والمراجع

أولا- المصادر

القرآن الكريم

أ - المراجع العربية

إبراهيم أنيس، اللغة العربية بين القومية والعالمية، دار المعارف، ١٩٧٠م.

إبراهيم سليمان الكروي، الرجع في الحضارة العربية الإسلامية، مركز الإسكندرية للكتاب، الإسكندرية ١٩٩٧م.

أحمد بن محمد الضبيب، اللغة العربية في عصر العولمة، مكتبة العبيكان، الرياض، الطبعة الأولى، ١٤٢٢هـ\٢٠٠١م.

أحمد حسين اللقاني وآخرون، معجم المصطلحات التربوية المعرفة في المناهج وطرق التدريس، عالم الكتب، القاهرة، الطبعة الأولى.

الدكتور أسامة الألفي، كيف ننهض بها نطقا وكتابة، الهيئة المصرية العامة للكتاب ٢٠٠٤م.

إسماعيل صبري عبد الله إستراتيجية التنمية في مصر، الهيئة المصرية العامة للكتب، ١٩٨٧م.

توفيق محمد شاهين، علم اللغة العام، أم القرى للطباعة والنشر، الطبعة الأولى، ١٤٠٠هـ-١٩٨٠م.

زكريا إمام، في مواجهة العولمة، مركز قاسم للمعلومات وخدمات المكتبات، الخرطوم، السودان الطبعة الأولى، ١٤٢٠هـ: ٢٠٠٠م.

رشدي أحمد طعيمة، تعليم اللغة العربية لغير الناطقين بها مناهجه وأساليبه، منشورات المنظمة الإسلامية التربية والعلوم الثقافة، ايسيسكو، الرباط، ١٤١٠هـ ١٩٨٩م.

شكيت محمد عليان، الثقافة الإسلامية وتحديات العصر، دار الشواف، الطبعة الثانية، ١٤١٦هـ-١٩٩٦م.

الدكتور شوقي ضيف، تيسير النحو التعليمي قديما وحديثا مع نهج تجديده، دار المعارف، مصر ١٩٩٣م.

صبرى إبراهيم السيد، المصطلح العربي الأصل والمجال الدلالي، دار المعرفة العلمية، ١٩٩٦م.

صمويل هنتاغتون، صدام الحضارات وإعادة صنع النظام العالمي، ترجمة: طلعت الشايب، تقديم: صلاح قنصوة، القاهرة، ١٩٩٨م.

عبد الله عقيل عنقاوى وآخرون، الحضارة العربية الإسلامية، المقرر الرابع، برنامج العلوم الإسلامية والأدبية، وزارة المعارف، التطوير التربوي، الإدارة العامة للمناهج، المملكة العربية السعودية، الطبعة الأولى،

١٤٠٧هـ: ١٩٨٧م.

عبد الهادي محمد عمر تميم، اللغة العربية في المجتمع الأنموذج السوداني، دار جامعة أم درمان، ١٩٩٧م.

علي أحمد مدكور، تقديم برامج إعداد معلمي اللغة العربية للناطقين بغيرها، جامعة الملك سعود، الرياض، منشورات الايسيسكو، الرباط، ١٤٠٥هـ: ١٩٨٥م.

علي الحديدي، مشكلة تعليم اللغة العربية لغير العرب، دار الكتاب العربي للطباعة والنشر، القاهرة، مايو ١٩٩٦م.

علي القاسمي، اتجاهات حديثة في تعليم اللغة العربية للناطقين باللغات الأخرى، عمادة شئون المكتبات، جامعة الرياض، الرياض، ١٣٩٩هـ: ١٩٧٩م.

محمد الجوهري، الثقافة العربية والحضارة الإسلامية، دار الأمين للنشر والتوزيع، الطبعة الأولى، ١٤١٨هـ

محمد رجب فضل الله، الاتجاهات التربوية المعاصرة في تدريس اللغة العربية، عالم الكتب، الطبعة الأولى، ١٤١٩هـ: ١٩٩٨م.

محمد زكريا حمدان، تقييم الكتاب المدرسي نحو إطار علمي للتقويم في التربية، النظرية في قرار المجال، دار التربية الحديثة،

١٤١٧هـ: ١٩٩٧م.

محمود رشدي خاطر وآخرون، تعليم اللغة العربية والتربية الدينية، دار الثقافة، القاهرة، ٢٠٠٠م.

مصطفى عبد السميع محمد، الاتصال والوسائل التعليمية، قرارات أساسية للطالب المعلم، القاهرة، مركز الكتاب للنشر، الطبعة الأولى، ٢٠٠١م.

نايف معروف، خصائص العربية وطرائق تدريسها، شركة الفجر العربي، بيروت، لبنان، (بدون تاريخ وطبعة).

يوسف محمد قاسم، ضوابط الإعلام في الشريعة الإسلامية وأنظمة المملكة العربية السعودية، عمادة شئون المكتبات، جامعة الرياض، ١٣٩٩هـ: ١٩٧٩م.

وزارة المعارف، المملكة العربية السعودية، إدارة كتب المدرسية: العربية للناشئين، منهج متكامل لغير الناطقين بالعربية.

بـ ـ الدوريات والمجالات والنشرات

إبراهيم بن ناصر، العولمة مقاومة وإستثمار، مجلة البيان، العدد١٦٧، رجب ١٤٢٢هـ أكتوبر:٢٠٠١م السنة السادسة عشرة.

أحمد عبد الحليم، الإجتماع التأسيسي لتخطيط التعاون الدولي لتنمية الثقافة العربية الإسلامية في الخارج، المجلة العربية للدراسات

اللغوية، العدد الأول، السنة الأولى، أغسطس ١٩٨٢م.

تركي رباح عمامرة، من قضايا الثقافة العربية: نشر اللغة العربية في العالم بين التقصير والطموح ومشاكل الواقع، المجلة العربية للعلوم الإنسانية، جامعة الكويت، العدد الواحد والعشرون، المجلد السادس، ١٩٨٦م.

تشانغ جيا مين، اللغة العربية في الصين، اللجنة الإعلامية والثقافة لمجلس السفراء العرب لدى بكين وجمعية بكين للدراسات الأجنبية: مجموعة من البحوث للندوة الثقافية العربية في جامعة بكين، دار النشر للصين اليوم.

رضوان ليولين روي، اللغة العربية في الصين قديما وحديثا، مجلة مجمع اللغة العربية بدمشق العدد ٦٢، الجزء الرابع ١٩٨٧م.

حسين حسن حسين، المستعرب الصيني البروفيسور تشو وي ليه: نطمح في جائزة تشجع المستعمرين الصينيين، مجلة الفيصل، العدد ٣٣١ ـ ٢٠٠٤م.

خاشع بن شيخ ابراهيم، اللغة العربية والمسيرة التعليمية في الوطن العربي، مجلة الفيصل، العدد ٣١٢ ـ ٢٠٠٤م.

مجلة "بيت العرب"، كلية اللغة العربية لجامعة شانغهاي

محمدو بابا، المجلة العربية للدراسات اللغوية، معهد الخرطوم

273

استراتيجيات نشر اللغة العربية في الصين
في ظل العولمة وحوار الحضارات

الدولي للغة العربية، العدد: ١٩ شوال ١٤٢٣هـ ديسمبر ٢٠٠٢م.

يوسف الخليفة أبوبكر، مشروع تطوير تعليم في إفريقيا، ندوة تعليم الإسلامي في إفريقيا، ١٤٠٨هـ ١٩٨٨م، قاعة الصداقة الخرطوم

جـ - الكتب الصينية

白寿彝. 中国伊斯兰存史稿. 银川：宁夏人民出版社, 1983.

陈嘉映. 语言哲学. 北京：北京大学出版社, 2003.

陈炎. 海外丝绸之路与中外文化交流. 北京：北京大学出版社, 1996.

付克. 中国外语教学史. 上海：上海外语教育出版社, 2000.

基础阿拉伯语教学大纲研订组,高年级阿拉伯语教学大纲研订组. 高等学校阿拉伯语教学大纲. 北京：北京大学出版社, 2000.

金吉堂. 中国回教研究. 银川：宁夏人民出版社, 2000.

李兴华. 中国伊斯兰教史参考资料选编. 银川：宁夏人民出版社, 1985.

李振中. 学者的追求——马坚传. 银川：宁夏人民出版社, 2000.

梁镛. 跨文化的外语教学与研究. 上海：上海外语教育出版社, 1999.

刘晖. 中国研究生教育和学位制度. 北京：教育科学出版社, 1988.

刘开古. 阿拉伯语发展史. 上海：上海外语教育出版社, 1995.

刘润清. 中国高校外语教学改革现状与发展策略研究. 北京：外语教学与研究出版社, 2003.

المصادر والمراجع

刘玉柱. 高等学校教学管理. 济南：山东大学出版社, 1984.

陆培勇. 闪族历史与现实——文化视角的探索. 兰州：甘肃人民出版社, 1998.

吕良环. 外语课程与教学论. 杭州：浙江教学出版社, 2003.

马志学. 开中国现代阿拉伯语教育先河的一代宗师——马坚先生. 新月华, 2004, (2).

纳忠. 传承与交融：阿拉伯文化. 杭州：浙江人民出版社, 1993.

彭树智. 阿拉伯国家史. 北京：高等教育出版社, 2002.

沈福伟. 中国与西亚北非文化交流志. 上海：上海人民出版社, 1998.

束定芳. 外语教学改革：问题与对策. 上海：上海外语教育出版社, 2004.

苏良弼. 中阿关系史略. 北京：五洲出版社, 1990.

孙承熙. 阿拉伯伊斯兰文化史纲. 北京：昆仑出版社, 2001.

宛耀宾. 中国伊斯兰百科全书. 成都：四川辞书出版社, 1996.

王春德. 语言学概论. 上海：上海外语教育出版社, 2003.

杨怀中. 伊斯兰与中国文化. 银川：宁夏人民出版社, 1995.

中国阿拉伯语教学现状调查研究课题组. 中国阿拉伯语教学现状调查报告. 2004.

中国伊斯兰教协会. 中国穆斯林.

朱威烈. 国际文化战略研究. 上海：上海外语教育出版社, 2002.

استراتيجيات نشر اللغة العربية في الصين
في ظل العولمة وحوار الحضارات

د ـ المواقع في الشبكة الدولية (الإنترنت)

1. http://www.albawaba.com

2. http://www.islamweb.net

3. http://www.asharaa.awsat.com

4. http://www.bfsu.edu.cn

5. http://www.cass.net.cn

6. http://www.alaboyu.com